华文水平测试丛书

华文水平测试汉字大纲

暨南大学华文学院
暨南大学华文考试院　编

商务印书馆
The Commercial Press

华文水平测试丛书

顾问委员会

主任委员　郭　熙

国内委员　（按音序排列）

　　　　　　刁晏斌　　郭树军　　鹿士义　　彭恒利　　齐沪扬
　　　　　　苏新春　　王　晖　　王倍旻　　张　博　　张金桥
　　　　　　张　军　　张　凯　　张一清　　郑海燕　　周小兵

海外委员　（按音序排列）

　　　　　　陈荣基（美国）　　　　陈秀姐（日本）　　　　陈友明（印度尼西亚）
　　　　　　侯艳妹（日本）　　　　黄端铭（菲律宾）　　　黄　英（西班牙）
　　　　　　黄愿字（印度尼西亚）　李复新（澳大利亚）　　李佩燕（荷兰）
　　　　　　李雪梅（意大利）　　　梁　冰（泰国）　　　　廖秀琴（英国）
　　　　　　林　立（日本）　　　　刘　申（美国）　　　　刘统厚（菲律宾）
　　　　　　刘　芸（西班牙）　　　罗宗正（泰国）　　　　倪小鹏（美国）
　　　　　　潘丽丽（西班牙）　　　孙浩良（澳大利亚）　　吴桂秋（巴西）
　　　　　　伍善雄（英国）　　　　夏　铭（美国）　　　　邢　彬（美国）
　　　　　　许　易（澳大利亚）　　杨　林（日本）　　　　张述洲（日本）
　　　　　　张岩松（日本）　　　　郑洁珊（印度尼西亚）　周开雾（德国）

编辑委员会

总 主 编　邵　宜　　王汉卫

编　　委　（按音序排列）

　　　　　　付佩宣　　华平娟　　刘　骏　　陆佳幸　　马新钦　　浦丹清
　　　　　　邵　宜　　苏　政　　王大壮　　王汉卫　　王　洁　　徐加义

本册作者　王汉卫　　陆佳幸

总序

全球中文教育大体上有三种性质。一是国内的语文教育，主要对象是国内汉语民族群，通常称为母语教育，通过学习体现国家通用语言文字要求的综合课程语文课来实现；非汉语民族群和华侨子女的国家通用语言文字教育则另有路径，这里暂且不论。二是外语教育，对象是外国人，包括国内通常所说的对外汉语教学和分布在国际上的中文教学。三是祖语教育，对象是海外华人子女，是一种民族语言文化传承教育，通常称为华文教育。

中国现代语文教育有很长的历史，已经形成了自己的教材、课程和教学体系。语文教育有自己的考试传统，多采用书面考试方式，内容包括语文基础知识和作文。随着普通话的普及，有关方面展开了普通话水平提升计划，适时推出了普通话水平测试，主要是测试口头水平。

中文作为外语的教学在新中国成立不久就开始了，20世纪70年代起有了较大的发展。改革开放后，来华学习中文和其他专业的留学生越来越多。一种新型的中文教育学科，即对外汉语教学应运而生。这个名称本身，展示了跟国内语文教育的不同。经过多年努力，对外汉语教学形成了自己的教材、课程和教学理论体系；同时，中文作为第二语言的考试体系也从无到有，不断发展，广受世界关注的汉语水平考试（HSK）已经成为外国人到中国大学进行专业学习的入门证。

不过，问题很快也就来了。一批中文并非二语者的海外华人到中国读书也须拿HSK这个入门证。我的一位马来西亚朋友，常年为华文报纸撰稿的专栏作者，到中国读研究生，也参加了HSK。结果，用他的话说是看到考卷"啼笑皆非"。有这种遭遇的不是个案，但那个时候，好像也没有别的办法，因为还没有相应的措施来检测这第三种中文教育，即中文作为祖语教育的学习者的中文水平。

有必要说说这批中文使用者的来历。中文作为祖语的教育由来已久。早期的海外中文教育实际上是一种母语教育，它经历了方言教学的私塾、新式学堂到现代学校的中国国语教育等阶段。当时，配合这种中文教育的考试自然是传统的语文考试；作为侨民，他们还会回国参加相关考试。20世纪50年代开始，海外华人社会的侨民教育因为新中国不承认双重国籍而终止，转为华人的民族语言文化教育，中文本身也就成了我们所说的祖语。这样，无论是理论上还是实践上，它都跟国内的语文教育有了很大的不同；而作为外国人，他们的中文学习也不是一般意义上的外国语学习，用HSK来测试，自然很成问题。

何有此说？还得回到HSK本身。HSK设定的测试对象，包括一般外国人、海外华人和中国境内少数民族。少数民族当然不同于外国人，所以民族汉考（MHK）很早就已经发展成为独立的考试。海外华人也不同于一般的外国人。例如，据相关资料，国内中文母语者学龄前的词汇量一般在4 000左右，而祖语保持较好的海外华人社区，如新加坡、马来西亚，学龄前的常用口语词也可达2 000以上，况且有不少的海外新移民是从国内出去的，有的家庭用语就是普通话或汉语方言，用HSK来测试他们的中文水平显然没有道理。

另一方面，各种考试都有"指挥棒"的作用，HSK 也不例外。在只有 HSK 的时代，海外中文教学中常常也只能用它来作为教学质量检测的依据，但这就影响到海外华文教学，包括教材编写、练习设计等。例如，一些针对海外华裔的华文教材就被要求用 HSK 大纲规定的词表等级、汉字等级来编写，这些无疑对海外中华语言文化传承教育带来了负面影响。

就我所知，最早意识到这些问题并提出质疑的学者来自暨南大学华文学院。该学院长期以来华海外华侨华人子女为主要教学对象，也担负着大量海外华文教学、师资培训和教材编写等任务。长期的一线教学实践和研究使他们对海外华语及其传承中的一系列问题有比较深入的认识，对缺乏针对海外华裔青少年的适用考试带来的问题有更深切的感受。他们深知华文水平测试（简称"华测"）研究的重要性，不断地呼吁，并积极进行理论研究和操作探索。10 多年来，他们在有关方面的支持下，全力以赴，克服重重困难，在华文水平测试的理论探索、方案设计、试卷编写和实地测试等方面开展了一系列工作，取得了丰硕的成果，受到了海外华文教育界的广泛好评。他们以引导海外华人社会的华文能力保持为追求，采取标准加常模的设计，以华文能力标准为依据，研制了汉字、词汇、语法、文化等大纲，为不同年龄段设计了阅读、写作各六个等级，口语三个等级的考试框架，听力在华测中不作为一个独立的测试品种，而作为基础的、背景意义上的能力。窥豹一斑，华测的不同、华测的"华"字性质呼之欲出。现在摆在我们面前的"华文水平测试丛书"，就是他们辛勤探索过程的记录和重要成果。

丛书由《华文水平测试考试手册》《华文水平测试样卷》《华文水平测试汉字大纲》《华文水平测试词汇大纲》《华文水平测试语法大纲》《华文水平测试文化大纲》《华文水平测试概论》七个部分组成，展示了海外华文水平测试体系，有理论、有方法、有实践案例，基本实现了华文水平测试目前研究领域的全覆盖。这是今后相关测试和进一步展开研究的重要基础，是开展海外华语传承、建构中华民族共同体的重要参考。

丛书体现了不少新的理念，有鲜明的特色，具有很强的科学性、实用性和可操作性。在语言测试技术方面我完全是外行，按照鉴定专家的说法，华测以较大样本的试验结果表明，该测试系统难度适中，区分度强，信度效度符合标准化考试的要求。真诚地希望有更多的人和相关部门支持和关注华文水平测试，使之早日成为全世界华裔华文水平的统一标准、海外华人母语文自我评价的语言依据、监测海外华人社会母语言现状及变迁的依据，也可以作为通用华文教材的编写参考等。

作为推动华文水平测试研究的吹鼓手，我经历了其中的一些过程，对这个团队的精神由衷地佩服和赞赏，乐意支持和推荐这套丛书在商务印书馆出版。丛书主编希望我能在这套著作出版的时候写几句话，于是就有了上面的文字，也算是我对华文水平测试的进一步鼓吹。

是为序。

郭熙

2022 年 8 月 25 日于北京

目　录

《华文水平测试汉字大纲》研制报告 …………………………… 1

华文水平测试汉字大纲 …………………………… 29
    汉字认读分级字表 …………………………… 31
    汉字书写分级字表 …………………………… 72
    汉字音序排列表 …………………………… 113

《华文水平测试汉字大纲》研制报告

华文水平测试（简称"华测"）是以海外华裔青少年为测试对象的华语文能力标准化考试。华测的配套大纲有：汉字大纲、词汇大纲、语法大纲、文化大纲。

大纲研制的主要环节是条目收录、条目定级。本报告介绍汉字大纲的研制。

本报告主体部分以"华文水平测试汉字大纲研制的理念与程序"为题发表于《华文教学与研究》2019年第1期，后有调整。

0. 引言

由于目前还没有专门针对华文教学的字表，长期以来，华文教材编写、课堂教学、习作文本用字分析等都只能以对外汉语教学和测试的汉字大纲为参照，但这些大纲与具有祖语（heritage language）（郭熙，2015）性质的华文教学并不能很好地匹配。究其原因，主要是因为面向的对象不同。

对外汉语教学和测试的汉字大纲主要是为"母语非汉语者"开发，海外华裔青少年华文水平测试（以下简称"华测"）是针对海外华裔的祖语能力而设计的一个标准化考试。华测的直接对象非但不是一般外国人，甚至也不是所有海外华人，而是海外华人中具有较好祖语水平的人群。海外华裔的祖语情况总体上呈现"复杂参差，逐渐衰退"的趋势，但他们并不满足于跟一般外国人比较，而是很想知道自己的华文水平"相当于哪一级水平的汉语母语者"（王汉卫，2016）。

现有汉语考试的对象多是正规在校生，他们的听、说、读、写基本是平行发展的，但海外华人的听、说、读、写能力严重不平衡。很多老移民的后代有汉语方言基础，但读写能力严重滞后，新移民构成的新华人社区的"语""文"严重脱节也广泛存在。汉字难不仅是对一般外国人而言的，对海外华人亦然。但汉字一方面难，一方面对海外华人社会有着至关重要的意义。面对这样的情况，华测将强化汉字能力作为一项特别追求，强化读写测试，并对各级别的汉字认读和书写提出了定量要求。

研发面向华裔青少年的汉字大纲（字表），直接目的是用作华测的参考大纲，更长远的目的是希望通过考试的反拨作用促进汉字及华文教学。本报告将从研制基础、研制理念、字表定量和定级等方面简要介绍华测字表的研制过程。

1. 研制基础

1.1 现有字表及汉字大纲概况

目前中国中小学汉字教学使用的是满足社会一般需求的通用性字表。最具有影响力的现代汉字通用字表主要是1988年国家语言文字工作委员会、国家教育委员会发布的《现代汉语常用字表》和国家语言文字工作委员会、新闻出版总署发布的《现代汉语通用字表》，以及2013年教育部、国家语言文字工作委员会组织制定的《通用规范汉字表》。这些字表对汉语母语者的通用字进行了分级，《现代汉语通用字表》共7 000字，其前3 500字为常用字，又分为常用字2 500字和次常用字1 000字。《通用规范汉字表》共8 105字，分为三级，第一级3 500字是日常生活和基础教育用字。

对中国中小学的汉字教学起到纲领性作用的主要是《现代汉语常用字表》和《通用规范汉字表》的前3 500字。通用性字表主要是用频率统计法、分布统计法研制而成，它确定了一个较大范围内的字量和字种，基本上能照顾到整个中小学汉字教学的需要，但对中小学不同阶段的汉字学习所需要的字种和字序没有进一步提出明确要求。

教育部、国家语委为加强国民的语言文字规范意识、提高国家通用语言文字的应用水平，开发了"汉字应用水平等级测试"，配套的《汉字应用水平测试字表》规定了中国具有中等以上受教育程度人群使用汉字应当达到的水平。该字表共5 500字，取自《现代汉语常用字表》和《现代汉语通用字表》，分为甲表4 000字、乙表500字、丙表1 000字。测试表现为三级水平（一级为最高）掌握的字量是3 500—4 000字（"中国语言生活状况报告"课题组，2006：371—381）。

针对国际汉语教学的字表主要有《汉语水平词汇与汉字等级大纲》《汉语国际教育用音节汉字词汇等级划分》，前者将收录的2 905字分为甲乙丙丁四级，后者将收录的3 000字分为一二三级各900字和三级附录字300字。另外还有《国际汉语教学通用课程大纲》，共收录2 500字，分为5级，每级各500字。

随着国际中文教育事业的发展，《汉语国际教育用音节汉字词汇等级划分》在2021年进一步调整为《国际中文教育中文水平等级标准》，1—6级各300字，7—9级共1 200字。

1.2 母语语文教材用字概况

在基础教育阶段的语文教学中，汉字是最基础最重要的教学内容。中国《全日制义务教育语文课程标准（2011）》实行"认写分开，先认后写"的原则，对各学段的汉字量提出了明确要求（表1）。教材用字主要分为课文用字和生字教学用字，下文将分别介绍。

表1　《全日制义务教育语义课程标准（2011）》汉字量要求[①] （单位：字）

	第一学段	第二学段	第三学段	第四学段
会认	1 600	2 500	3 000	3 500
会写	800	1 600	2 500	—

1.2.1 母语语文教材课文用字统计

中国国内语文教材的用字情况可作为华测字表汉字量的参照依据之一。此处语文教材用字统计数据来自《基础教育语文新课标教材用字用语调查》（国家语言资源监测与研究中心，2007：437—449）[②]。

[①] 此标准在2022年版中未做更改。
[②] 该调查选用的每套教材均包括小学一年级到初中三年级共9个年级，每年级上下两册、共18册，四套教材共72册。具体如下：人民教育出版社《语文》（简称"人教版"），小学12册、初中6册，2001—2004年初审。江苏教育出版社《语文》（简称"苏教版"），小学12册，2001—2004年初审；初中6册，2002年初审。北京师范大学出版社《语文》（简称"北师大版"），小学12册，2001—2003年初审；初中6册，2004年初审。语文出版社《语文》（简称"语文版"），小学S版12册，2003年初审；初中6册，2001—2002年初审。

表 2　中国国内四套义务教育阶段语文教材课文用字量统计　　　　（单位：字）

教材	字符次	字次	字种数	共用字种数	部分共用字种数*	独用字种数
人教版	483 937	420 384	4 317		626	101
苏教版	373 855	325 045	4 176		486	100
北师大版	449 876	390 289	4 336	3 590	544	202
语文版	526 511	456 735	4 392		631	171
总计	1 834 179	1 592 453	5 069		905	574

*除去所有教材的共用字种数、独用字种数后，余下的字种数为"部分共用字种数"。

尽管四套教材的字符次和字次相差较大，但字种数较为一致。共用字种3 590字，占所有用字的70%；部分共用种字905字，占17.8%；独用字种数偏少，共574字，仅占11.3%。汉字总量虽大，但是常用字十分集中，这四套语文教材课文用字的共用字种多，正说明了这个特点。

表 3　中国国内四套义务教育阶段语文教材分学段字种量统计　　　　（单位：字）

| 教材 | 小学 | | | 小学小计 | 初中 | 总计 |
	第一学段	第二学段	第三学段		第四学段	
人教版	1 798	2 791	3 103	3 485	4 019	4 317
苏教版	1 461	2 484	2 895	3 259	3 953	4 176
北师大版	1 735	2 763	3 013	3 445	4 059	4 336
语文版	1 880	2 886	3 226	3 662	4 059	4 392

表3显示，四套语文教材的小学课文字种总量、初中课文字种总量都相差不大，苏教版小学段字种量最低，四套教材各学段字种量都呈逐段递增趋势。

对比语文课程标准，除了苏教版前两学段外，其余各教材各学段字种量都超过了《全日制义务教育语文课程标准（2011）》的要求。

1.2.2 *母语语文教材生字教学用字统计*

语文课本后所附生字表为专门生字教学用字，一般独立列出，中国国内语文教材仅小学阶段附专门的生字教学用字。

中国国内四套语文教材对小学阶段的"会认字"和"会写字"没有统一的区分，有的是"会认字"包含"会写字"，如苏教版；有的是"会认字"和"会写字"交叉，如人教版、北师大版、语文版。下面是对各学段生字表汉字量的统计，统计时将苏教版"会写字"计入"会认字"。

表4　中国国内四套义务教育阶段小学语文教材生字教学字种量统计　　　　（单位：字）

	第一学段		第二学段		第三学段		合计	
	会认	会写	会认	会写	会认	会写	会认	会写
人教版	1 800	1 000	800	1 000	400	500	3 000	2 500
苏教版	1 525	980	1 319	862	808	586	3 652	2 428
北师大版	1 585	670	910	800	539	778	3 034	2 248
语文版	1 603	866	878	999	576	650	3 057	2 515

国内语文教材将认字写字任务集中安排在小学前两学段。"会认字"量在第一学段尤为显著，后两学段递增量逐渐减少，人教版、北师大版、语文版教材第一学段"会认字"量都超过小学总认字量的一半。

"会写字"量在第二学段相对较大。除了北师大版"会写字"量在各学段分配相对平均外，其余教材都以第一、第二学段居多。"会写字"总量大约占"会认字"总量的70%—80%。

四套教材的"会认字"量都达到甚至超过了课标要求，"会写字"量除了北师大版外也基本达到了课标要求。

但从对各学段共用字种的统计来看，四套教材第一学段"会认字"共有字种仅为872字，"会写字"共用字种仅为498字，可能是因为语文课标仅在字量上作出规定，并未对字种、字序作出一定限制。

对于任何汉语学习者，无论是母语者还是非母语者，汉字都是需要进行专门学习的。除了最基本的生活、学习用字在初学阶段都会涉及外，其他汉字学习的顺序十分灵活，可能因所学教材、个人习惯、家庭环境、社会环境的不同而产生差异，尤其是受教材课文的影响最为直接。汉字学习的顺序看似灵活，但任何一种顺序对学习者来说其实都存在"强制性"，而且学习者能够在这种"强制"顺序下学会认读和书写汉字。

1.3 华文教材用字概况

根据刘华、蔡丽、郭熙（2011）对五个国家八套小学华文教材的生字量统计，小学华文课文（只统计主课文）用字总字种数为2 993字，平均字种数仅1 426字。这八套教材根据代表性、本土化、可比性原则选取，除了马来西亚、新加坡外，其他几国小学华文教育以第二语言及双语教学性质为主。低年级的教材以对话体课文为主，课文内容主要为日常生活及虚拟日常生活，所以字次及字种量很低。

华测项目组进一步选定了七套二语教学性质相对不突出的华文教材[①]，用字量结果统计如下。

1.3.1 七套华文教材课文用字统计

表5　七套华文教材课文用字量统计　　　　　　　　　　（单位：字）

教材	字符次	字次	字种数	共用字种数	部分共用字种数	独用字种数
暨大编—中文	120 506	103 599	2 794		1 116	69
北华编—汉语	117 665	99 750	2 856		1 194	53
人教—标准中文	95 208	79 689	2 558		877	52
马来西亚—华文	198 049	171 236	3 845	1 609	1 680	556
新加坡—小学华文	129 398	110 028	2 811		1 159	43
美国—马立平中文	122 403	99 366	2 199		547	43
菲律宾—华语	136 639	115 559	2 373		741	23
合计	919 868	779 227	4 315		1 890	816

表5显示，华文教材课文总字次从7万余字到17万余字，不同教材相差悬殊，字种数在2 000—4 000之间。马来西亚华文教材课文规模最大，字符次、字次和字种量都是最高。人教版《标准中文》的字符次和字次最少，但字种数不是最低。北京华文学院编写的《汉语》与美国《马立平中文》的字次量相当，但是比《马立平中文》的字种多近700字，这表明课文规模与字种丰富程度之间没有严格的正比关系。

七套中小学华文教材共用字种仅1 609字，仅占所有用字的37%，说明各套华文教材课文用字差异大。部分共用字种1 890字，占所有字的44%；独用字种共816字，占19%。除了马来西亚教材外，其他六套教材的独用字种很少，最多不超过70字，这与多数教材本身用字量偏少、字种量不丰富有关。

表6　七套华文教材课文分学段字种量统计　　　　　　　　（单位：字）

教材	第一学段	第二学段	第三学段	合计
暨大编—中文	674	1 408	2 113	2 287
北华编—汉语	538	1 101	1 785	1 977
人教—标准中文	534（缺1册）	1 165	1 682	1 950

---

① 暨南大学编《中文（小学版）》1—12册（简称"暨大编—中文"），广州：暨南大学出版社，2006年；北京华文学院编《汉语（小学版）》1—12册（简称"北华编—汉语"），广州：暨南大学出版社，2007年；人民教育出版社《标准中文》（简称"人教—标准中文"）（第一级1册未收集到），北京：人民教育出版社，1999—2002年；马来西亚教育局编《华文（小学）》（简称"马来西亚—华文"）（1—4册未收集到），2013—2015年；新加坡教育部课程规划与发展司编《小学华文》（简称"新加坡—小学华文"）1—12册，新加坡EPB教育出版社/中国人民教育出版社，2007—2014年；美国斯坦福中文学校，马立平编《马立平中文》（简称"美国—马立平中文"）（8、9册未收集到）；菲律宾华语教学研究中心编《华语课本（小学）》（简称"菲律宾—华语"）1—12册，2006年。

续表

教材	第一学段	第二学段	第三学段	合计
马来西亚—华文	缺	2 134	2 933	3 146
新加坡—小学华文	913	1 529	1 799	2 054
美国—马立平中文	657	1 279	1 602	1 900
菲律宾—华语	616	1 153	1 525	1 727

字种量最高的是马来西亚教材，超过3 000字，其余的在2 000字左右徘徊，最低的是菲律宾教材，仅1 700余字。

1.3.2 七套华文教材生字教学用字统计

七套华文教材中，有的有生字表，有的只有生词表而无生字表，这种情况在统计生字教学用字时，数据取自生词表用字。

表7　七套华文教材生字教学用字分学段字种量统计　　　　　　　　　　（单位：字）

教材	第一学段	第二学段	第三学段	合计
暨大编—中文	588	716	773	2 033
北华编—汉语	664	666	705	2 035
人教—标准中文	226（缺1册）	598	550	1 374
马来西亚—华文	1 094	816	634	2 544
新加坡—小学华文	635	783	686	2 104
美国—马立平中文	675	686	369	1 730
菲律宾—华语	593	586	504	1 683

从各学段的生字量分布来看，马来西亚教材与中国语文教材相似，从第一到第三学段生字量递减，说明马来西亚教材也重视初级阶段大量识字。

除了马来西亚外，其余六套教材生字教学用字在小学各学段分布趋于平均，这与中国语文教材的生字量分布明显不一致。语文教材的第一学段"会认字"量超过小学识字总量的一半，而华文教材第一学段生字量仅达到语文教材第一学段的"会认字"量的1/3左右。可见，小学阶段虽也是华文教材汉字教学最重要的阶段，但"初级阶段集中识字"的理念并不明确，需要加以引导，这是研制华文水平测试汉字大纲特别需要警醒的。

1.4 海外华裔学生汉字量调查情况

华测在海外试测期间,对澳大利亚、德国、巴西、菲律宾、柬埔寨、肯尼亚、马来西亚、意大利、印度尼西亚九个国家各级考生的识字量和写字量进行了调查,用选择题的形式,让学生勾选自己的识字数量和写字数量,或者直接写出识字量和写字量数据。考生调查分级主要按就读年级划分,年龄区间大致与华测设计的分级年龄段对应。1—5级①分别发放问卷359份、392份、407份、318份、239份,分别回收有效问卷336份、390份、387份、315份、227份。图1—图10是对各级考生识字量、写字量自评统计的结果。

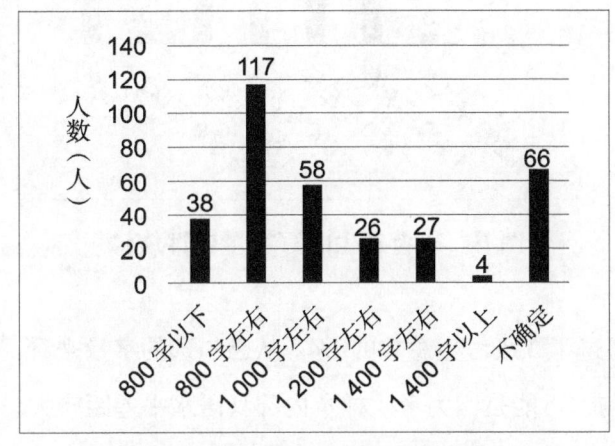

图1　1级考生的识字量自评统计

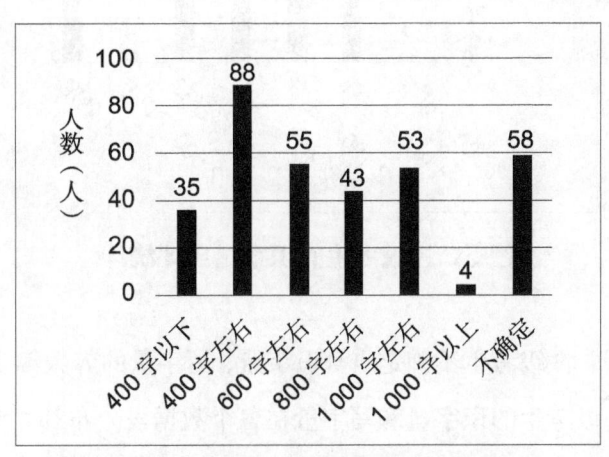

图2　1级考生的写字量自评统计

1级考生约有20%不确定自己的识字量。在已勾选或填写识字量的考生中,识字量以800字左右最为普遍,占35%。

1级考生约有17%不确定自己能书写的字量。写字量在400字左右的人数稍多,约占26%。写字量在600字、800字、1 000字三个数据段的人数分布相对平均,所占比例分别是16.4%、12.8%、15.8%。

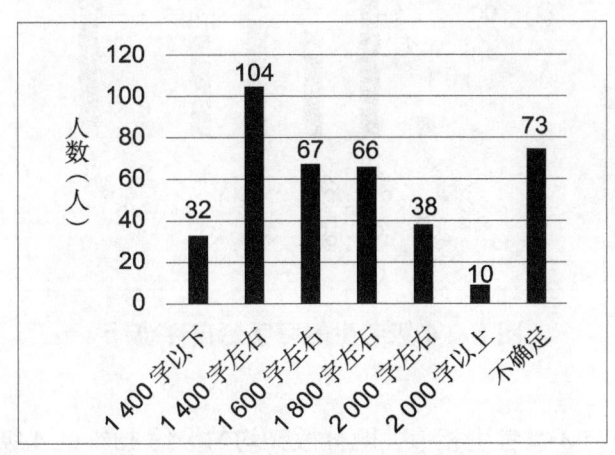

图3　2级考生的识字量自评统计

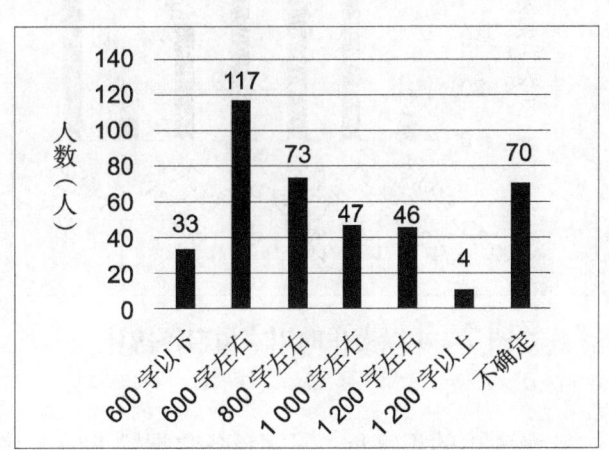

图4　2级考生的写字量自评统计

---

① 华测最初确定的等级是五级,后将一级进一步划分为两个级别,总体调整为1—6级。下同。

2级大约有18%的考生不确定自身识字量、写字量。2级考生的识字量主要集中在1 400—1 800字，人数占61%，其中又以1 400字左右最为普遍。2级考生的写字量一般在600—1 200字，以600—800字居多。

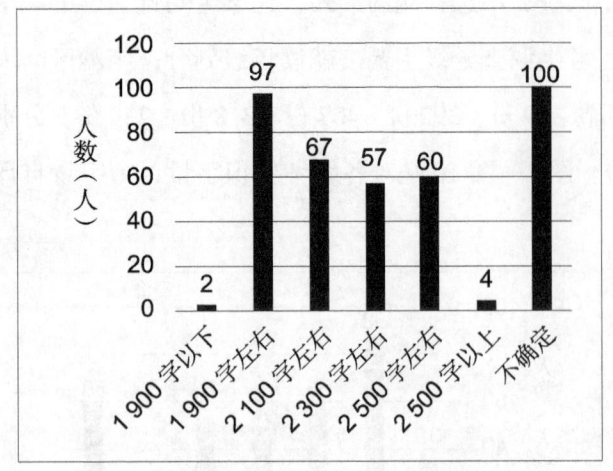

图5　3级考生的识字量自评统计

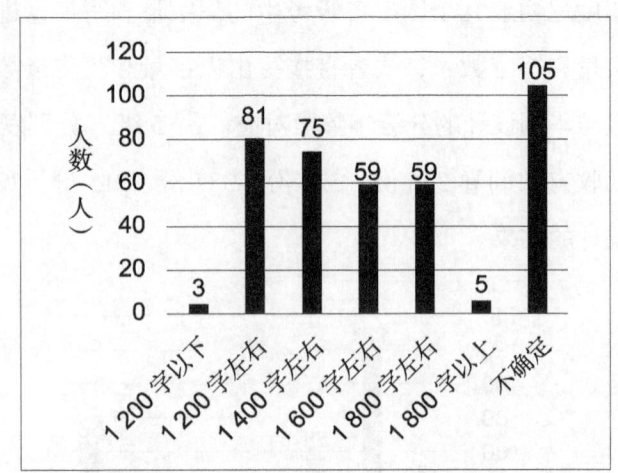

图6　3级考生的写字量自评统计

3级考生不确定自身识字量、写字量的人数偏多，超过了3级考生总数的1/4。从已勾选的字量来看，3级考生的识字量和写字量在各个数据段分布都相对均匀，可能是因为考生样本内部汉语水平差距较大。3级考生的识字量大致是1 900—2 500字，在1 900—2 100字的人数最多。这与华测项目组在印度尼西亚、新加坡、菲律宾对华文教师的调查结果十分接近，该调查显示海外华文教师认为华裔小学毕业的识字量加权均值为1 994字（王汉卫、凡细珍、邵明明等，2014）。

3级考生的写字量大致是1 200—1 800字，写字量在1 200—1 400字的人数稍多，约占40%。

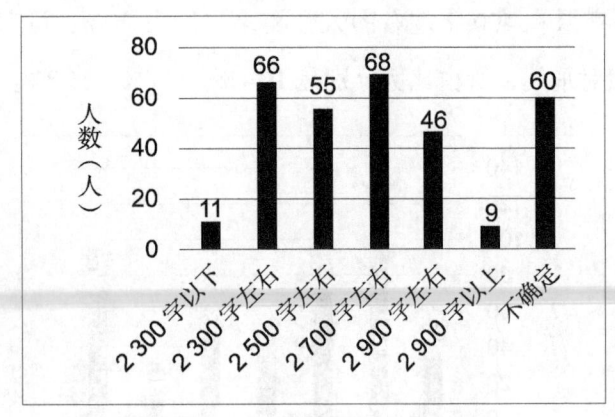

图7　4级考生的识字量自评统计

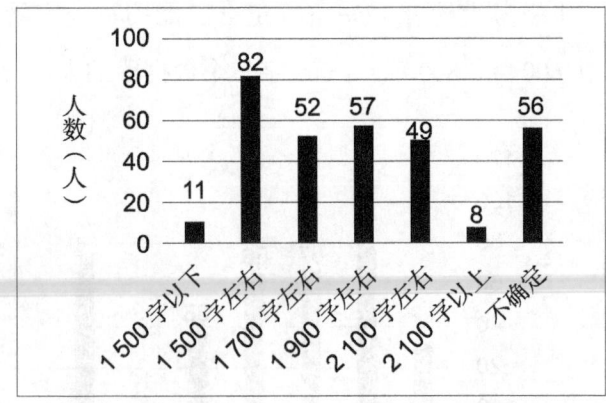

图8　4级考生的写字量自评统计

4级考生的识字量、写字量各数据段上的人数分布与3级考生相似，既分散又均匀。约18%的4级考生不确定自己的识字量、写字量。4级考生识字量大致是2 300—2 900字，写字量大致是1 500—2 100字。写字量在1 500字左右的人数稍多，约占26%。

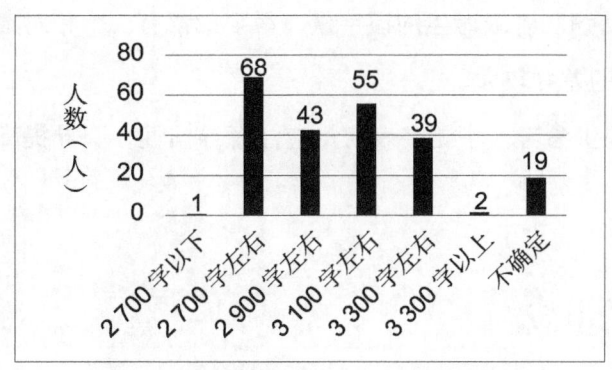
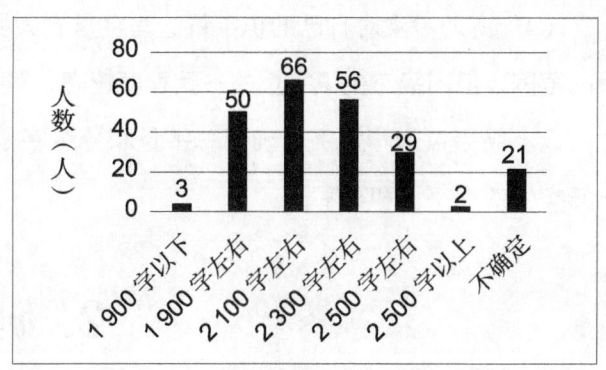

图9　5级考生的识字量自评统计　　　　**图10　5级考生的写字量自评统计**

5级考生不了解自己识字量、写字量的人数很少，只有8%左右。约90%的5级考生识字量在2 700—3 300字，写字量在1 900—2 500字，在这两个范围内的各数据段内人数相差不大。识字量以2 700—3 100字的人数居多，写字量以2 100—2 300字的人数最多。

可见，各级考生对自己的识字量、写字量有一定的认识，并且能作出大致的量化判断，高年级考生对自己的识字量、写字量认识更清晰。

从调查结果来看，各级学生的识字量都有一个相对集中的范围，在初级阶段该范围较小，越往高级阶段范围越大，可以推断越往高级阶段学生的识字量差距越大。如：1级考生识字量主要集中在800字左右，2级集中在1 400字左右，3级则集中在1 900—2 500字，4级、5级也是集中在一个相差四五百字的区间。写字量虽然都有一个相对集中的字量段，但在四五百字的区间内各段人数差异不大。这说明各级考生的识字量一致程度较高，写字量差异较大。

1.5 小结

基于现有的字表及汉字大纲、母语课标、语文教材、华文教材以及华裔考生对自身汉字量的评价，可以得到以下几点认识：

（1）具有中等以上受教育水平的汉语母语者识字量一般在3 500字以上。目前对外汉语教学用的字表汉字量一般在3 000字左右，尚无华文教学专用字表。

（2）母语教学课标对会认、会写字量提出了明确要求，但对字序、字种没有严格规定。不同版本的语文教材虽字次量相差较大，但共用字种多，且都在生字表中对会认字和会写字已明确列出。语文教材普遍采用初级阶段集中识字的理念，识字写字任务集中安排在小学前两学段。

（3）不同版本的华文教材字次量、字种量都相差较大，除了马来西亚教材外，其他教材的字种量都偏低。华文生字教学的任务主要应集中在小学阶段，但除了马来西亚教材在第一学段的识字量显著集中外，其他教材的生字教学用字在小学各学段分布趋于平均。可能是因为教材编者未采用初级阶段集中识字的理念，也可能与教材编写时缺乏合适的汉字大纲的参考有关。

（4）海外考生对自己的识字量、写字量有大概的认识。各级考生的识字量、写字量都有一个相对集中的范围，但同级考生识字量的一致程度较高，写字量的差异较大。

以上结果可为华测字表确定总字量和分级字量时提供参考，华测字表定量应注意导向性，引导提高华裔学生的识字量和写字量。

2. 研制理念

结合测试对象的特点、汉语学习规律以及海外华裔的汉字学习现状，华测汉字大纲确立了"字量适中，向下集中""认写分开，多认少写，最终看齐"的研制理念。

2.1 字量适中，向下集中

"字量适中"指在汉语母语者与汉语二语者之间寻找一个适中的点，相对于对外汉语汉字大纲和华文教材的汉字量，华测字表会适度提高但不会刻意提高总字量。

海外现在使用的小学华文教材，生字教学字种徘徊在2 000字左右，不少教材连2 000字都不及（表7）。海外华裔小学毕业能否进行汉语自主阅读令人质疑，能书写的汉字量更低也可想而知。自主阅读能力影响着汉语学习兴趣和使用汉语获取其他知识的能力，读写能力在小学阶段未打下牢固的基础，进入中学又将面临多学科的学习任务和升学压力而更加难以抽身专门学习汉语，这对已经具备汉语听说能力的华裔来说是一种缺憾。

识字是阅读和作文的基础，有足够的识字量才能对汉语言文字形成更好的感受力，才能增加华裔儿童在多语环境下的汉语竞争力。具有家庭汉语环境的华裔儿童虽在汉语学习上有一定优势，但如果汉字量、词汇量有限，无法用汉语充分表达时仍需借助其他语言。汉语的基本特点之一是书面语的词汇、句型和表达手段大量地不断地向口头输送（李如龙，2001）。不识字无以掌握书面语，这直接影响用汉语进行思维和表达的程度。所以华测字表将适度提高汉字量要求。

"向下集中"指重点增加初级字表的汉字量，以求扩大华裔学生初级阶段识字量，尽早实现汉语自主阅读。

已有研究表明识字存在关键期，且对阅读有着重要影响。儿童整个阅读的发展过程可划分为两个时期六个阶段，识字处在两个阅读时期的关键转折点（小学一、二年级），是学习阅读期与阅读学习期的连接桥梁。黄仁发（1990）以中国大陆地区小学语文课本的识字表为材料对中小学生的识字情况进行测试，也发现识字存在敏感期，小学一年级（562字）到三年级（2 337字）差距显著。伍秋萍、金檀、郭曙纶（2016）对香港和台湾地区小学生识字量的调查证实一至四年级是识字量累积的重要四年，增长速度最快的是二年级到三年级。

学前识字的存在也为初级阶段大量识字提供了现实基础。无论是幼儿园的专门教学，还是家长或家庭教师对孩子的汉语教学，学前识字在海外亦广泛存在，这让汉字对华裔儿童来说不是一种完全陌生的符号。实验研究发现，幼儿掌握了350—400个汉字时，会对识字表现出高兴趣性与高敏感性（莫雷、张金桥、陈新葵等，2005）。尽管学前儿童尚未接受正规的读写教育，但是他们已经萌发了对汉字字形特征的认知能力，五岁左右是汉字读写萌发的重要时期（赵静、李甦，2014）。识字教育也是中国古代启蒙教育的起点和重点，在中国古代儿童教育中起到了重要的奠基作用。我们不强制要求学前识字，但华裔儿童在学龄前对汉字的接触不容忽视，而且是我们应当抓住的华裔儿童的汉字学习优势。华测字表将着重增加初级阶段的识字量。

2.2 认写分开，多认少写，最终看齐

"认写分开，多认少写，最终看齐"指华测字表分为认读字表和书写字表，包含先认读后书写、在低年龄学段多认读少书写，最终在高年龄学段认读和书写齐平的含义，"认读字"只要求会认、会读，"书写字"除了要求会认、会读外，还要会写、会用。

"认写分开，多认少写，最终看齐"符合汉语、汉字的学习规律和使用结果。汉语母语的习得顺序通常是先学口语，再认写汉字，再学习书面语。"认字"是让字形与学习者口语已有的音和义建立某种联系，或者作为一个新的信息保存在心理词典中，通过不断地再认强化这种链接。"写字"是把记忆中保存的代表某个意义、持有某个读音的一个文字符号以书写的方式再现出来，认字是写字的基础。一般来说，汉字学习中认字易于写字，认写分开、先认后写符合由易到难、循序渐进的学习规律。

而且，"认字"和"写字"除了指单纯的认、写汉字之外，还有阅读文本、书写文本的含义。阅读文本时是被动认字，需要读者有较多的文字储备，书写文本是主动用字，书写者有自己选择字种的自由，并且一般只使用自己会写的字。读和写这两种活动的用字数量不同，使用的字种也有别，一般母语者会认读的汉字量也大于会书写的汉字量。

"认写分开，多认少写，最终看齐"既对汉字的认与写提出了定性与定量的要求，也适度降低了学习者写汉字的负担。华测的直接对象是至少有家庭华语环境的海外华裔青少年，他们的汉语听说能力相对较好，阅读能力偏弱，书写能力更弱。对心理词典里已有汉语词汇积累的华裔青少年来说，大量认字不是难题。从汉字认知心理学的研究结果来看，笔画多、结构复杂的字不一定难认，但是难写。初学儿童掌握汉字是一个细致、复杂、反复的过程，字形是掌握汉字的难点。从认读字中选出一批使用活跃但字形相对容易的字列入认写字表，认写字总量（尤其是初级认写字量）相对较少，这是为了保证华裔青少年的认读汉字量，同时也降低初学者写汉字的负担。

需要补充说明的是，"多认少写"是在无字集、无总量上限的前提下而言的，而且是跟教学阶段、大纲等级密切相关的。在一个较长的时间内，并且在一个有限的字集内，"多认少写"不应成为常态，认、写应最终持平。

3. 研制原则

3.1 认读字表研制原则

（1）常用性原则

常用性是认读字种选取和定级的首要原则。常用性由汉字在各语料库里的频率体现，但字频数据强烈依赖所属文本和语料库的类型。华测字表将根据汉字在不同语料库/字料库的频序进行综合排序，选取综合使用频度高的字，同时汉字的构字能力也是常用性的重要参考因素，在低年龄学段会优先选取构字能力强的汉字，以便于培养考生对汉字字理的理解，从而更加有效率地学习汉字。

例如，选取1级认读字时，综合考虑某字在小学生作文库第一学段的频序、在四套国内语文教材第一学段课文的平均使用度序、在七套海外华文教材第一学段课文的频序，将不同语料库的频序加权求取综合使用频度序，作为是否选入1级认读字的首要依据。

（2）词表关联原则

词表关联原则是调整认读字种和字级时依据的原则之一。

由综合使用频度初步定下认读字级后，某字的认读级别与之所在词条在华测词表的级别需要进行核对。一般情况下，初学者认识汉字需以了解字义或了解其所构词的词义为基础，所以某字在字表中的级别不能超前于在词表的首次出现级别。如果"施"字在词表中首次出现在4级词里，则"施"字不能收录在认读字表的1—3级里。

词表关联的另一作用是防止汉字级别与汉字在词表出现级别差别太大。如果"戴"字按综合使用频度收在4级认读字里，但在词表中出现在1级词里，则适当提前"戴"的认读级别，如果"戴"在第二学段的综合使用频度排序相对靠前，则调为2级字。

但关联词表不是调整字种和字级的唯一原则，根据综合使用频度选入的认读字，可能有华测词表之外的字，或者词表收了而字表未收的字，需要进一步考察决定增删与定级。如果有新增字，其认读等级要按词表首次出现的级别来定。超出词表之外的字理论上应当删除，但同时还有下面的"文化性原则"共同作用。

（3）文化性原则

作为专门为海外华裔青少年开发的测试，华测内容蕴含中华文化本身是其一大特色，这也会在华测字表中得到体现。常见的重要地名、天干地支、古代神话、重要历史人物姓名用字可能并不能构词，如果华测词表未收录或者收录在附表中，没有对应的词汇等级，但也将录入字表。

这些字并非按类别单独选入，而依然是以常用性原则为前提决定是否入选，再对照词表，考虑文化性，决定增删。如果"孟"字依综合使用频度选入了认读字表。关联词表时，即使词表主表中未收录含"孟"字的词条，也因文化性原则保留在认读字中。

（4）系统性原则

系统性原则主要用于检验认读字种选取与定级的系统性，相同话题或语义场的常用字尽量收录完整，综合使用频度相差不大时尽量定级一致。

如日常起居类"枕""膏""梳"置于同级；蔬果类"橘（桔）""橙"置于同级；饮食类"饺""馒"置于同级；餐具类"筷""勺"置于同级。

3.2 书写字表研制原则

书写字表研制时坚持"字用优先，兼顾字形"的原则。

（1）字用优先原则

认读字表与书写字表分开的出发点是降低学生写汉字的负担，要求书写的字是从认读字中选出的字形难度相对较小的字。在此，字形难度指书写上的难度。认字是对汉字进行整体辨认，除非遇到字形相近的字，一般不需要进行精确辨识和记忆。而写字需要对汉字的笔画、部件、结构和整字进行逐级的加工和再现，在认知上属于精加工的过程。字形复杂度不一定影响汉字认读，但会直接影响书写难度。

如果只顾字形，"邑"等字形简单的字无疑能入选，而"嘴""赢"等使用活跃的字却难以入选。这些高频常用字不要求书写显然不合理，所以书写字表以"字用优先"为原则，本身使用价值高的字，即便字形复杂，也应当选入书写字表。

使用价值高直接表现为汉字本身的综合使用频度高，在研制书写字表时，除了考察汉字的综合使用频度外，还需将其构字能力作为指标之一。优先掌握构字能力强的字，对学习其他汉字具有较大价值。

（2）兼顾字形原则

在筛选书写字时，字形也是重要考虑因素。笔画作为汉字难度的一个重要指标，作为汉字字形序的首要因素得到了广泛的运用，但笔画间存在复杂程度的差异，笔画数并非反映汉字复杂程度的理想指标。

大多数笔画还可以依据折点继续向下分析，划分到最后可以得到汉字构形的最小元素——笔素。比如"┐"是"横"和"竖"以折的方式连缀而成的，分解到"横、竖"已经无可再分，所以"横、竖"就是"┐"的笔素（王汉卫、刘静、王士雷，2013）。

笔素序是以笔素为计量单位对汉字复杂程度的重新测量和排序，能使字序更好地表现为由简单到复杂的序列。笔画数和笔素数相加的画素综合序可使字形由简单到复杂的渐进过程变得更加平缓，画素综合序不仅使同画素组的字进一步减少，而且组内字的复杂程度也更趋一致（王汉卫、刘静、王士雷、2013）。

汉字的书写难度还与字形结构、层次、部件难度等有关，这些影响因素在本报告中暂不深究，仅以汉字的笔画笔素综合值作为汉字难度的统计指标。

4. 字量的初步确定

4.1 字表总字量

按照"字量适中"的理念，华测字表的汉字总量定在3 000字左右。这是从汉语使用的实际需要出发，参考母语者常用汉字量和海外华文学习者识字量，初步确定的一个相对适中的点。

从汉语使用的实际来看，汉语母语者常用字是3 500字左右，常用书写字在2 800字左右（依据2010—2012年中国语言生活绿皮书媒体用字统计，媒体用字覆盖率达到99.48%时，所用字种均为2 800字左右）。从教材用字来推断，汉语母语者小学识字量在3 000字以上，小学初中累计识字量在3 500字以上；海外（马来西亚除外）华文学习者小学识字量一般在2 000字以下，小学初中累计识字量一般在2 700字以下。从华测试测时考生的识字量自评结果来看，小学毕业认字量2 000字左右、写字量1 300字左右，高中毕业认字量2 700字左右、写字量2 100字左右。

虽然3 000字的汉字总量相对现有的华文教材用字来说似乎偏高，但教材编写时并没有可供参考的华文教学汉字大纲，前文也提及多套华文教材用字并不能满足学生进行汉语自主阅读的识字量要求。根据华测项目组赴印度尼西亚、菲律宾、新加坡开展的需求调查，"华测应该在读写测试中适当提高对华裔的汉字要求"这一设计思路也得到了海外华文教师的高度支持（王汉卫、黄海峰、杨万兵，2013）。

综合以上考虑，初步将华测字表汉字总量定为3 000字。

4.2 字表分级字量

首先分配小学段与中学段的字量。按照"向下集中"的理念，认读和书写字量大致按小学与中学8∶2的比例，大致分配为小学2 400字。

再细分学段内部各级字量。

为了落实初级阶段大量识字，1级至6级安排的认读字量逐级递减。

按照"认写分开，多认少写，最终看齐"的理念，书写字量在初级阶段安排较少，2级、3级逐渐增多，在小学阶段完成对字形、结构、笔画的认识，完成字感建立，再在中学阶段安排少量书写字。小学、中学各级字量配比见表8。

由各级字量配比得到表9，这只是华测字表各级大致的字量，具体字量需待字种选取和调整后方可确认。1级600字认读字量超出以往的对外汉语汉字大纲初级字量，体现了对华裔汉字量的较高要求。

表8 中小学内部各级字量配比

	小学字量配比				中学字量配比	
	1级	2级	3级	4级	5级	6级
认读字	20%	25%	20%	15%	10%	10%
书写字	14%	14%	25%	20%	15%	12%

表9 华测字表大致字量及等级分布 （单位：字）

	1级	2级	3级	4级	5级	6级	合计
认读字	600	750	600	450	300	300	3 000
书写字	420	420	750	600	450	360	3 000

5. 字量和字种的最终确定

华测字表研制时主要采用定量分析与人工干预相结合的方法，先确定选字的底表，对底表的汉字进行量化标注，再定量逐级依序筛选认读字，然后对认读字进行人工干预。书写字从认读字中定量逐级依序筛选，操作类似。

5.1 底表量化标注

华测字表以国家语委现代汉语语料库的用字表作为字种选取来源，字种共5 667字。选取字种前，先将底表中的每个汉字标上在各语料库/字料库字频序位、构字能力信息、字形难度信息、在华测词表的等级。

字频序位信息源于各大语料库/字料库，华测字表研制时依据的语料库/字料库见表10。先将各频率数据转换成频序值，对各库的字进行分学段降频排序，各学段内频率最高字的频序位最靠前。作文用字、教材用字可按年级对应学段，国家语委现代汉语语料库字频表和中国语言生活绿皮书媒体用字库的语料来源与6—10岁的儿童认知水平相差太远，所以其频序信息用于小学第三学段、初中段、高中段。

构字能力标注为在《通用规范汉字表（1级字）》里参与构字的个数和使用次数。汉字总量虽大，但常用字集中，因此我们只统计《通用规范汉字表（1级字）》所有的字。字形难度标注为笔画数和笔素数。

表10 华测字表依据的语料库/字料库

语料库/字料库	数据来源	语料来源	总字次（万）	总字种（字）	华测字表使用级别
国家语委现代汉语语料库字频表	国家语委	"五四"以来社会科学、自然科学、中小学教材语料	2 000	5 667（只统计出现次数大于5的）	3—5

续表

语料库/字料库	数据来源	语料来源	总字次（万）	总字种（字）	华测字表使用级别
中国语言生活绿皮书媒体用字库	教育部语言文字信息管理司	2010—2012年新闻、广播电视、网络媒体语料	300 000	13 006	3—5
中国小学生作文库	北京师范大学	2000—2007年国内162所小学生电脑打字文本	1 126	3 964（只统计出现次数大于5的）	1—3
中国初中生作文库	华测项目组	初中生优秀作文网1 998个文本	120	5 061	4
中国高中生作文库	华测项目组	高中生优秀作文网1 409个文本	112	4 723	5
中国四套义务教育阶段语文教材课文用字	厦门大学	人教版、苏教版、北师大版、语文版1—9年级语文教材课文	159	5 069	1—5
中国人教版初中课文用字	厦门大学	人教版初中语文、数学、历史、地理、物理教材课文	158	5 158	4、5
七套华文教材课文库	华测项目组	暨大编—中文、北华编—汉语、人教—标准中文、马来西亚—华文、新加坡—小学华文、美国—马立平中文、菲律宾—华语	78	4 315	1—5

国内语文教材课文用字数据取自厦门大学基础教育用字统计数据，该数据库中已标注四套语文教材课文用字的"使用度"[①]，使用度包含着字频和分布率的双重信息，价值高于单一的字频数据。在字频相当时，分布率高的字使用度更高。在本研究中，国内中小学语文课文用字我们只标注其在四套语文教材的使用度数据，不再单用其字频数据，中学课文用字数据在研制华测字表时用于初中、高中两个学段。

5.2 认读字表研制

5.2.1 定量选种与定级

华测字表对应六个学段，需要对底表字按六个学段的频度信息进行五次综合使用频度排序，综合使用频度序将作为选取各级认读字种的依据。

根据各库语料的规模、综合性、适应的年龄段，我们将底表字种在不同库的频序/使用度序赋予一定的权重，再求取综合序。绿皮书媒体用字的语料虽规模大、时代新，但书面语色彩显著，许多日常生活常用字的频率相对偏低，所以赋予其权重比现代汉语语料库低。

---

① 使用度 = 字频 × 分布率。某字在某教材的分布率 = 该字出现总次数 ÷ 该教材课文的课数。

表 11　综合使用频度序计算方法

综合序一 = 小作序一 *0.35+ 语文教材序一 *0.40+ 华文教材序一 *0.25
综合序二 = 小作序二 *0.35+ 语文教材序二 *0.40+ 华文教材序二 *0.25
综合序三 = 小作序三 *0.30+ 语文教材序三 *0.35+ 华文教材序三 *0.20+ 现汉序 *0.10+ 媒体序 *0.05
综合序四 = 初作序 *0.25+ 语文教材序四 *0.25+ 华文教材序四 *0.15+ 初学科教材序 *0.05+ 现汉序 *0.20+ 媒体序 *0.10
综合序五 = 高作序 *0.20+ 语文教材序四 *0.20+ 华文教材序四 *0.10+ 初学科教材序 *0.05+ 现汉序 *0.25+ 媒体序 ×0.20

表 11 中，"小作序一"是指小学作文库第一学段作文的字频序，"语文教材序一"指国内四套语文教材第一学段课文用字的平均使用度序，"华文教材序一"指七套华文教材第一学段课文的字频序，后面"小作序二""语文教材序二"等以此类推。"现汉序"是指国家语委现代汉语语料库字频序，"媒体序"是指 2010—2012 年中国语言生活绿皮书媒体用字平均字频序，"初学科教材序"是指国内人教版初中语文、数学、历史、地理、物理教材课文的字频序。

按照综合使用频度序计算结果，底表中每个汉字都附上了五个学段的综合序位信息。再根据上文 4.2 拟定的各级字量，初步选出各级认读字：

综合序一≤700 的汉字，作为 1 级认读字。

综合序一≤1 300 的汉字，去除 1 级已收字，作为 2 级认读字。

综合序二≤2 100 的汉字，去除 1 级和 2 级已收字，作为 3 级认读字。

综合序三≤2 500 的汉字，去除 1—3 级已收字，作为 4 级认读字。

综合序四≤3 000 的汉字，去除 1—4 级已收字，作为 5 级认读字。

由于 6 级水平较高，此阶段的学习者自主学习的能力比较强，对于汉字量的要求不作限制，华测字表仅列出部分作为参考。

由以上步骤共取出 3 500 字，作为华测认读字表的初稿。

5.2.2 认读字种调整

（1）删字

为保证认读字表收录的是常用字，而且与华测词表相关联，删字时主要参考《通用规范汉字表（1 级字）》和华测词表主表用字。

（2）增字

比对华测词表主表用字，词表中有而字表初稿中没有的字，其中有 258 字属于《通用规范汉字表（1 级字）》。词表所用字不需要全部纳入字表，因此，我们选择属于《通用规范汉字表（1 级字）》，同时在国家语委现代汉语语料库频序在 4 000 序位之内的字，按照常用性、系统性原则，挑选出一些汉字补入认读字表，例如（表12）：

表12 增补的认读字种举例

分类	字种
日常用品用字	袜
常见食物用字	丸、馒、蒜
身体相关用字	肪、脯
形容词性语素	诡、馋、憔
动词性语素	删、拎
构字能力强的字	亢、矣、尧
常见水果名用字	葡、萄、椒
重要中华传统文化相关用字	孟、仲

认读字表初稿经过删字与增字处理，进一步得到完善。

5.2.3 认读字级调整

（1）按关联词表原则调整

按照字表研制时的词表关联原则，一般认读字的级别不得超前于该字在词表中首次出现的级别。例如，"党""策"按字的综合使用频度排序定为3级认读字，但在华测词表中首次出现的词语是：党（5级）、计策（5级），这时以词表级别为准，将"党""策"调为5级认读字。

对于新增入字表的汉字，其认读级别也按其在词表中首次出现的级别来定。

（2）按文化性原则调整

按照文化性原则，认读字表中保留个别超出华测词表主表的字，它们属于常见的姓氏、地名、天干地支或重要人物姓名用字且构字能力比较强，例如：乙（2级）、丙（6级）、庚（6级）、癸（6级）。

（3）按系统性原则调整

按照研制原则，为保证初级认读字的系统性，常见话题用字尽量收录齐全、定级一致。参考史有为（2008）对构建最小语言平台的最低量基础词汇表的词汇类别划分，结合儿童的认知背景，将以下几类话题用字认读级别调为一致。

表 13　按系统性原则调整级别的例字

类别	代表字种及认读级别		调整字种	新认读级别
日常起居	凳	2级	枕	2级
运动	篮	2级	乒、乓	2级
饮食	咖	2级	啡	2级
水果	橙	2级	橘、桔	2级
动物	鱼、猪	1级	猴、象	1级

（4）按汉字构字能力调整级别

以《通用规范汉字表（1级字）》为统计范围，认读字中可作为部件参与构成这 3 500 字的有 709 个，主要分布在前三级（原认读级别），其中 1 级字中有 469 个，2 级有 132 个，3 级有 63 个。按汉字的学习顺序与汉语学习规律，常用的成字部件安排在初级字表中优先学习可发挥更大的价值。

表 14　按构字能力调整级别的例字

构字能力	字种	原认读级别	新认读级别
5以上	立、斗、未、禾	4级	1级
	内、令、良、丰、巨、辛、斤、	4级	2级
	末、甲、夹、尚	3级	2级
	厂、勺、舌、页	3级	1级
	仓、旦、欠	5级	3级
3—5	罗	6级	5级

由以上步骤共入选 2 930 个认读字，并分为六个级别。

5.3 书写字表研制

5.3.1 定量选种与定级

前文已经论述，书写字表的研制原则是"字用优先，兼顾字形"。

字用价值高表现为两个方面，一是使用活跃程度高，体现在各语料库/字料库的频率上，在此我们用各字在各学段的综合使用频度序位来约束；二是参与构字的频度高，在此采用在《通用规范汉字表（1级字）》里的构字能力来约束。

在底表标注时，底表各字在各学段的综合使用频度序、构字能力、笔画笔素数已经统计。构字能力采用每个字的构字个数和构字使用次数的平均值作为统计指标。例如，在《通用规范汉字表（1级字）》

里,"是"除了本字外还参与构成了"题""提""堤","是"的构字个数即为3,构字使用次数为4,构字能力值为3.5。

认写字从认读字表中逐级依序选取,首先采用定量方法求取前五级认写字序。

字形难度、构字能力、综合使用频度不能直接运算,同认读字排序类似,采用先将各字段数据转换成序位,再赋权重的方法进行运算。画素值最小的字形难度最低,字形序位就排在最前。构字个数与构字使用次数之和最大的构字能力最强,构字能力序位就排在最前。综合使用频度序位已在选认读字前求得,各学段里综合使用频度最高的序位排在最前。

表15　书写序求取方法

书写序一 = 0.3* 字形序一 + 0.4* 构字能力序一 + 0.3* 综合使用频度序一
书写序二 = 0.3* 字形序二 + 0.4* 构字能力序二 + 0.3* 综合使用频度序二
书写序三 = 0.4* 字形序三 + 0.3* 构字能力序三 + 0.3* 综合使用频度序三
书写序四 = 0.4* 字形序四 + 0.2* 构字能力序四 + 0.4* 综合使用频度序四
书写序五 = 0.5* 字形序五 + 0.1* 构字能力序五 + 0.4* 综合使用频度序五

表15中,"字形序一"表示1级认读字的画素值序位,"构字能力序一"表示1级认读字的构字能力值序位,"综合使用频度序一"为求取认读字序位时第一学段的综合序位;"字形序二"表示筛选完1级书写字后所剩1级认读字与2级认读字一起重排的画素值序位,"构字能力序二"表示筛选完1级书写字后所剩1级认读字与2级认读字一起重排的构字能力序位,以此类推。

在认读字中,可作为部件参与构成《通用规范汉字表(1级字)》3 500字的一共只有709个,且主要分布在1级和2级,其次是3级,又因初级阶段学会书写构字能力强的字更有价值,所以构字能力序在前两级所占比例更高,后面逐级递减。认读级别越高,字形难度大的字所占比例越大,所以公式里字形序的比例逐级递增。

1级书写字从1级认读字中选取,根据1级拟定的书写字量400字,"书写序一"排在前400序位内的字定为1级书写字。

2级书写字从2级认读字以及筛选完1级认写字后所剩的认读字中选取,"字形序二"是2级认读字与1级剩余的认读字的画素值的共同排序,"构字能力序二"也是2级认读字与1级剩余的认读字的构字能力共同排序。根据2级拟定的认写字量400字,"书写序二"排在前400序位内的字定为2级书写字。

3级、4级、5级书写字的筛选方法依此类推。6级书写字与认读字的筛选原则相同,汉字字数不受限制,仅列出构字能力较强的汉字。

5.3.2　书写字级调整

书写字在排序定级时已经将字形、字用因素作为定量考察依据,调整认写字级是为了弥补定量操作的不足。

书写字级调整时除了遵循前文规定的"字用优先，兼顾字形"原则外，还尽量避免认读级别与书写级别相差太大。除非是字形难度很大的字，一般认读级别与书写级别相差不超过三级，也就是说，1级认读字尽量只安排在认写字表的前三级，2级认读字尽量只安排在认写字表的2—4级。

6. 字表标注

作为规范的汉字大纲，字表除了标注认读和书写等级外，还需要标注汉字相关信息，便于出题或教学参考。华测字表标注的信息如下：认读级别、书写级别、拼音、汉字结构、笔画数。

汉字存在同形异音的情况，同一个汉字可能有多个读音。标注拼音时需对照华测词表，只标示词表已收录的读音，并按照词表中出现的先后顺序标示读音，以"的"字为例，标注如下：

汉字	拼音	认读级别	书写级别	结构	笔画
的	de/dī/dí/dì	1	1	左右	8

图 11　字表里"的"字标注举例

7. 结语

华测大纲（字表）配合海外华裔青少年华文水平测试而研发，将作为华文水平测试的直接参考大纲和命题依据，并可服务和引导华文教材编写、海外华文教学。

华测字表分为认读字表和书写字表，这是国际中文教育界和华文教育界第一次以大纲的形式对汉字的认与写提出定性和定量的要求，旨在促进华文学习者扩大汉字识字量，同时也注重写汉字。

按照定性、定量与人工干预相结合的方法，认读字表和书写字表各最终分为六级，对应6—18岁的学生，既照顾到了学习者的认知发展特点，也遵循了汉字学习规律。

本字表的研制坚持了"字量适中，向下集中""认写分开，多认少写，最终看齐"的理念，最终确定的认读字和书写字的字量见表16。华测字表不是一成不变的，将在时代发展及教学和测试中不断检验和修订。

表 16　华测字表各级字量　　　　　　　　　　　　　　（单位：字）

	1级	2级	3级	4级	5级	6级	合计
认读字	600	700	600	400	300	330	2 930
书写字	400	400	700	600	500	330	2 930

参考文献

国家语言文字工作委员会、国家教育委员会.现代汉语常用字表.1988年1月.下载地址：www.cncorpus.org（在线语料库）.

国家语言文字工作委员会、新闻出版总署.现代汉语通用字表.1988年3月.下载地址：www.cncorpus.org（在线语料库）.

国家汉语水平考试委员会办公室考试中心.汉语水平词汇与汉字等级大纲（修订本）.北京：经济科学出版社，2001.

国家汉语国际推广领导小组办公室.国际汉语教学通用课程大纲.北京：外语教学与研究出版社，2008.

国家语委现代汉语语料库字频表，语言文字规范（GF0015—2010）.下载地址：www.cncorpus.org（在线语料库）.

国家语言资源监测与研究中心.中国语言生活状况报告（2007）下编.北京：商务印书馆，2008.

曹青.新加坡"乐学善用"教育理念及其在学前华文教学中的应用.山东大学硕士学位论文，2016.

崔永华.关于汉字教学的一种思路.北京大学学报（哲学社会科学版），1998（3）.

丁培培.华裔学前儿童汉语教材选编——以印尼培民国际学校幼儿园为例.第六届东亚汉语教学研究生论坛暨第九届北京地区对外汉语教学研究生学术论坛论文集，2016.

董霄云.探析义化视界下的我国双语教育.华东师范大学博士学位论文，2006.

董兆杰.对认字与写字分流体系构建的几点认识.教育实践与研究，2011（3）.

董兆杰."认写分流"是科学识字理念.教育实践与研究（A），2013（3）.

方秀珍.马立平《中文》特点研究.暨南大学硕士学位论文，2010.

郭菁.初级阶段对外汉字教学"认写分流"的新探索.长春大学学报，2017（7）.

郭熙.论汉语教学的三大分野.中国语文，2015（5）.

郭熙.论祖语与祖语传承.语言战略研究，2017（3）.

郭勇.认写分流 当合则合.小学语文教学，2015（13）.

"汉字应用水平测试研究"课题组，张一清.《汉字应用水平等级及测试大纲》研制报告.中国应用语言学会、教育部语言文字应用研究所.第五届全国语言文字应用学术研讨会论文集，2007.

黄红英.对外汉字教学在低龄段大有可为.国家教师科研专项基金科研成果（六），2017.

黄仁发.中国儿童青少年语言发展与教育（二）——中小学生语言发展与教育.朱其智主编.中国儿童青少年心理发展与教育.北京：中国卓越出版公司，1990.

江新.针对西方学习者的汉字教学：认写分流、多认少写.对外汉语教学的全方位探索——对外汉语研究学术讨论会论文集，2004.

姜德梧.关于《汉语水平词汇与汉字等级大纲》的思考.世界汉语教学,2004(1).

教育部.全日制义务教育语文课程标准(2011年版).北京:北京师范大学出版社,2011.

教育部、国家语言文字工作委员会.汉语国际教育用音节汉字词汇等级划分,2010年10月.

教育部、国家语言文字工作委员会.通用规范汉字表,2013年8月19日.

教育部语言文字信息管理司.中国语言生活状况报告(2011).北京:商务印书馆,2011.

教育部语言文字信息管理司.中国语言生活状况报告(2012).北京:商务印书馆,2013.

金恒勤.荷兰华裔少儿汉语教学研究.西北师范大学硕士学位论文,2013.

金宁.东南亚地区华裔儿童学习汉语的特点及其教学对策.华侨大学学报(哲学社会科学版),1998(1).

康晓娟.海外华裔儿童华语学习、使用及其家庭语言规划调查研究——以马来西亚3—6岁华裔儿童家庭为例.语言文字应用,2015(2).

李宝贵.对当前加拿大华裔中文教育现状的思考.海外华文教育,2004(3).

李大遂.从汉语的两个特点谈必须切实重视汉字教学.北京大学学报(哲学社会科学版),1998(3).

李大遂.汉字的系统性与汉字认知.暨南大学华文学院学报,2006(1).

李嘉郁.谈华裔学生汉字习得特点.海外华文教育,2006(1).

李瑾.关于对华裔儿童汉语汉字教学的思考.中国校外教育,2011(10).

李静娜.印尼华裔儿童汉语课课堂教学设计研究.广州大学硕士学位论文,2013.

李泉,宫雪.汉字作为文字教学的"终止期"——基于汉字"字""语"兼具属性的考量.华南师范大学学报(社会科学版),2017(4).

李如龙.华文教学的基本字集中教学法刍议.海外华文教育,2001(2).

李兆麟.谈常用字词的选取及其等级划分.辞书研究,2014(2).

刘华,蔡丽,郭熙.东南亚小学华文教材课文用字调查.教育部语言文字信息管理司.中国语言生活状况报告(2011).北京:商务印书馆,2011.

刘英林,马箭飞.研制《音节和汉字词汇等级划分》 探寻汉语国际教育新思维.世界汉语教学,2010(1).

罗庆铭.谈对华裔儿童的华语教学.世界汉语教学,1997(3).

罗庆铭,王燕燕,闵玉.新版新加坡小学华文教材汉字编写模式.华文教学与研究,2017(3).

马燕华.论海外华裔儿童汉字教学的特殊性.北京师范大学学报(社会科学版),2003(6).

莫雷,张金桥,陈新葵,等.幼儿书面语言掌握特点的实验研究.学前教育研究,2005(Z1).

诺苏哈娜(Norshuhana Binti Mohd Noor).马来幼儿汉语教材特点分析——以《乐乐语文列车华文课本》(1—4)为例.北京外国语大学硕士学位论文,2016.

欧阳国泰.华裔学生的汉字教学.海外华文教育,2001(1).

彭俊．华文教育研究．上海师范大学博士学位论文，2004．

全香兰，胡晓清，刘丽媛．谈对韩汉字教学用字表的研制．汉语应用语言学研究（第3辑），北京：商务印书馆，2014．

盛静．中国父母在华裔儿童汉语保存与双语发展中的困惑及作用——以英国华裔儿童为例．延边大学学报（社会科学版），2012（5）．

施正宇．从童蒙识字课本看传统语文教学．语文建设，2001（7）．

施正宇，吕文杰，范佳燕，等．60年对外汉字教学研究之研究（上）．云南师范大学学报（对外汉语教学与研究版），2015（1）．

石定果，万业馨．关于对外汉字教学的调查报告．语言教学与研究，1998（1）．

石战晓．小学语文教学识字量研究．华东师范大学硕士学位论文，2008．

史有为．对外汉语教学最低量基础词汇试探．语言教学与研究．2008（1）．

苏培成．现代汉字学纲要（增订本）．北京：北京大学出版社，2004．

苏培成．再论《规范汉字表》的研制．中国语文，2006（3）．

田海丽．泰国华裔幼儿汉字教学研究．广州大学硕士学位论文，2012．

佟乐泉，张一清．笔画繁简和词性差别对初识字儿童识记汉字的影响．小学识字教学研究．广州：广东教育出版社，1999．

王汉卫．论"华语测试"的三个基石．暨南大学华文学院学报，2009（1）．

王汉卫，黄海峰，杨万兵．华文水平测试的总体设计．华文教学与研究，2013（4）．

王汉卫，刘静，王士雷．笔素与汉字的难度序．语言教学与研究，2013（2）．

王汉卫，凡细珍，邵明明，等．华文水平测试总体设计再认识——基于印尼、菲律宾、新加坡的调查分析．华文教学与研究，2014（3）．

王汉卫．华文水平测试（HSC）的基本理念．语言战略研究，2016（5）．

王魁京．海外华人学生汉语心理词典的特点与成因．语言教学与研究．2006（4）．

王敏，王晓明．《汉语水平词汇与汉字等级大纲》字表的收字分级考察例析．河北大学学报（哲学社会科学版），2012（4）．

王宁．论汉字与汉语的辩证关系．北京师范大学民俗典籍文字研究中心、香港中文大学吴多泰中国语文研究中心、厦门大学汉语语言学研究中心．"汉语与汉字关系"国际学术研讨会论文提要，2008．

王宁．再论《通用规范汉字表》发布的背景和制定的意义——兼论汉字规范保持稳定的重要性．云南师范大学学报（哲学社会科学版），2014（6）．

王宁．论汉字与汉语的关系．民俗典籍文字研究（第十五辑）．北京：商务印书馆，2015．

王宁．文字在语言教育中的重要作用．语言科学，2016（4）．

王鹏，黄达．海外华裔儿童汉语识字理论和实践．香港大学教育学院中文教育研究中心、韩国汉字汉文教育学会. 2011年亚洲汉字学与教国际研讨会论文摘要集, 2011.

王铁琨.《规范汉字表》研制的几个问题. 语文研究, 2003（4）.

王婷. 论奥地利华裔少儿汉字教学. 北京外国语大学硕士学位论文, 2014.

王燕燕, 罗庆铭. 新编新加坡小学华文教材汉字编写模式及教学策略. 第七届汉字与汉字教育国际研讨会论文集, 2017.

魏顺平, 赵攀, 杨现民, 等. 大型中国小学生作文语料库的生成. 现代教育技术, 2008（12）.

温红博, 唐文君, 刘先伟. 义务教育阶段学生识字量测验的编制研究. 语言文字应用, 2015（3）.

伍秋萍, 金檀, 郭曙纶. 香港小学生汉字认读能力的实证研究. 语言文字应用, 2016（1）.

杨成思. 对外汉语教学初级汉字的优选研究. 华东师范大学硕士学位论文, 2009.

杨林. 对外汉语教学《初级汉字表》研制. 北京语言大学硕士学位论文, 2009.

杨美美. 菲律宾华裔儿童第二语言教学的探索. 海外华文教育, 2000（3）.

翟颖华. 谈谈初级阶段华文教学词表的研制. 华文教学与研究, 2012（3）.

张会. 美国华裔儿童家庭语言状况调查与思考. 国际汉语教学研究, 2015（3）.

张凯. 汉语构词基本字的统计分析. 语言教学与研究, 1997（1）.

赵静, 李甦. 3—6岁儿童汉字字形认知的发展. 心理科学, 2014（2）.

赵新燕. 谈对华裔儿童进行汉语教学的若干问题. 海外华文教育, 2000（3）.

赵元任（著）, 卢德平（译）. 美国华裔儿童的语言问题. 国外外语教学, 1987（4）.

郑淑花. 汉语人名用字的统计分析. 皖西学院学报, 2010（1）.

"中国语言生活状况报告"课题组. 中国语言生活状况报告（2006）上编. 北京：商务印书馆, 2007.

周健, 李海霞. 对《汉语水平词汇与汉字等级大纲》甲级词的修订意见. 暨南大学华文学院学报, 2008（3）.

周健, 刘圣心. 对外汉语教学《基础汉字表》研究. 云南师范大学学报（对外汉语教学与研究版）, 2007（6）.

周美玲, 苏新春, 韩杰, 等. 教材语言调查统计方法的新发展——基于基础教育新课标人教版、苏教版、北师大版、语文版的比较. 上海教育科研, 2011（6）.

华文水平测试汉字大纲

> 汉字认读分级字表

> 汉字书写分级字表

> 汉字音序排列表

汉字认读分级字表

ID	汉字	拼音	结构	笔画
1级				
1	阿	ā/ē	左右	7
2	啊	ā/á/ǎ/à/a	左右	10
3	爱	ài	上中下	10
4	八	bā	独体	2
5	巴	bā	独体	4
6	把	bǎ/bà	左右	7
7	爸	bà	上下	8
8	吧	ba/bā	左右	7
9	白	bái	独体	5
10	班	bān	左中右	10
11	办	bàn	独体	4
12	半	bàn	独体	5
13	帮	bāng	上下	9
14	包	bāo	右上包	5
15	饱	bǎo	左右	8
16	宝	bǎo	上下	8
17	抱	bào	左右	8
18	杯	bēi	左右	8
19	背	bēi/bèi	上下	9
20	北	běi	左右	5
21	贝	bèi	独体	4
22	被	bèi	左右	10
23	本	běn	独体	5
24	笨	bèn	上下	11
25	比	bǐ	左右	4
26	笔	bǐ	上下	10
27	边	biān	左下包	5
28	变	biàn	上下	8
29	别	bié/biè	左右	7
30	冰	bīng	左右	6
31	饼	bǐng	左右	9
32	病	bìng	左上包	10
33	不	bù	独体	4
34	布	bù	左上包	5
35	猜	cāi	左右	11
36	才	cái	独体	3
37	采	cǎi	上下	8
38	彩	cǎi	左右	11
39	菜	cài	上下	11
40	参	cān/shēn	上中下	8
41	草	cǎo	上下	9
42	长	cháng/zhǎng	独体	4
43	常	cháng	上下	11
44	厂	chǎng	独体	2
45	唱	chàng	左右	11
46	吵	chǎo	左右	7
47	车	chē	独体	4
48	成	chéng	上三包	6
49	吃	chī	左右	6
50	池	chí	左右	6
51	迟	chí	左下包	7
52	尺	chǐ	独体	4
53	齿	chǐ	上下	8
54	冲	chōng/chòng	左右	6
55	虫	chóng	独体	6
56	丑	chǒu	独体	4
57	出	chū	独体	5
58	处	chù/chǔ	左下包	5
59	穿	chuān	上下	9
60	船	chuán	左右	11
61	床	chuáng	左上包	7
62	吹	chuī	左右	7
63	春	chūn	上下	9
64	次	cì	左右	6

ID	汉字	拼音	结构	笔画	ID	汉字	拼音	结构	笔画
65	从	cóng	左右	4	101	朵	duǒ	上下	6
66	粗	cū	左右	11	102	饿	è	左右	10
67	错	cuò	左右	13	103	儿	ér	独体	2
68	答	dá/dā	上下	12	104	耳	ěr	独体	6
69	打	dǎ	左右	5	105	二	èr	独体	2
70	大	dà/dài	独体	3	106	发	fā/fà	左上包	5
71	蛋	dàn	上下	11	107	法	fǎ	左右	8
72	当	dāng/dàng	上下	6	108	饭	fàn	左右	7
73	刀	dāo	独体	2	109	方	fāng	独体	4
74	到	dào	左右	8	110	房	fáng	左上包	8
75	道	dào	左下包	12	111	放	fàng	左右	8
76	的	de/dī/dí/dì	左右	8	112	飞	fēi	独体	3
77	得	de/dé/děi	左右	11	113	非	fēi	左右	8
78	灯	dēng	左右	6	114	分	fēn/fèn	上下	4
79	等	děng	上下	12	115	粉	fěn	左右	10
80	低	dī	左右	7	116	风	fēng	上三包	4
81	地	dì/de	左右	6	117	夫	fū/fú	独体	4
82	弟	dì	独体	7	118	服	fú	左右	8
83	点	diǎn	上下	9	119	父	fù	独体	4
84	电	diàn	独体	5	120	该	gāi	左右	8
85	店	diàn	左上包	8	121	改	gǎi	左右	7
86	掉	diào	左右	11	122	干	gān/gàn	独体	3
87	丁	dīng	独体	2	123	赶	gǎn	左下包	10
88	定	dìng	上下	8	124	感	gǎn	上下	13
89	丢	diū	上下	6	125	刚	gāng	左右	6
90	东	dōng	独体	5	126	告	gào	上下	7
91	冬	dōng	上下	5	127	哥	gē	上下	10
92	动	dòng	左右	6	128	歌	gē	左右	14
93	洞	dòng	左右	9	129	个	gè	独体	3
94	都	dōu/dū	左右	10	130	给	gěi/jǐ	左右	9
95	斗	dòu/dǒu	独体	4	131	根	gēn	左右	10
96	读	dú	左右	10	132	跟	gēn	左右	13
97	肚	dù	左右	7	133	工	gōng	独体	3
98	队	duì	左右	4	134	公	gōng	上下	4
99	对	duì	左右	5	135	狗	gǒu	左右	8
100	多	duō	上下	6	136	姑	gū	左右	8

ID	汉字	拼音	结构	笔画	ID	汉字	拼音	结构	笔画
137	古	gǔ	上下	5	173	互	hù	独体	4
138	谷	gǔ	上下	7	174	户	hù	独体	4
139	故	gù	左右	9	175	花	huā	上下	7
140	瓜	guā	独体	5	176	华	huá	上下	6
141	挂	guà	左右	9	177	化	huà	左右	4
142	怪	guài	左右	8	178	画	huà	下三包	8
143	关	guān	上下	6	179	话	huà	左右	8
144	光	guāng	上下	6	180	坏	huài	左右	7
145	广	guǎng	独体	3	181	欢	huān	左右	6
146	国	guó	全包	8	182	换	huàn	左右	10
147	果	guǒ	独体	8	183	灰	huī	左上包	6
148	过	guò/guo	左下包	6	184	回	huí	全包	6
149	哈	hā/hǎ	左右	9	185	会	huì/kuài	上下	6
150	还	hái/huán	左下包	7	186	活	huó	左右	9
151	孩	hái	左右	9	187	火	huǒ	独体	4
152	海	hǎi	左右	10	188	机	jī	左右	6
153	喊	hǎn	左右	12	189	鸡	jī	左右	7
154	汉	hàn	左右	5	190	级	jí	左右	6
155	汗	hàn	左右	6	191	极	jí	左右	7
156	行	háng/xíng	左右	6	192	急	jí	上下	9
157	好	hǎo/hào	左右	6	193	几	jǐ/jī	独体	2
158	号	hào/háo	上下	5	194	己	jǐ	独体	3
159	喝	hē/hè	左右	12	195	记	jì	左右	5
160	禾	hé	独体	5	196	加	jiā	左右	5
161	合	hé	上下	6	197	家	jiā	上下	10
162	和	hé/huó/huò	左右	8	198	间	jiān/jiàn	上三包	7
163	河	hé	左右	8	199	见	jiàn	独体	4
164	很	hěn	左右	9	200	件	jiàn	左右	6
165	红	hóng	左右	6	201	江	jiāng	左右	6
166	猴	hóu	左右	12	202	讲	jiǎng	左右	6
167	后	hòu	左上包	6	203	交	jiāo	上下	6
168	候	hòu	左右	10	204	教	jiāo/jiào	左右	11
169	呼	hū	左右	8	205	脚	jiǎo	左右	11
170	忽	hū	上下	8	206	叫	jiào	左右	5
171	湖	hú	左右	12	207	觉	jiào/jué	上下	9
172	虎	hǔ	左上包	8	208	节	jié	上下	5

ID	汉字	拼音	结构	笔画	ID	汉字	拼音	结构	笔画
209	姐	jiě	左右	8	245	乐	lè/yuè	独体	5
210	界	jiè	上下	9	246	了	le/liǎo	独体	2
211	借	jiè	左右	10	247	雷	léi	上下	13
212	巾	jīn	独体	3	248	泪	lèi	左右	8
213	今	jīn	上下	4	249	累	lèi/lěi/léi	上下	11
214	金	jīn	上下	8	250	冷	lěng	左右	7
215	进	jìn	左下包	7	251	礼	lǐ	左右	5
216	近	jìn	左下包	7	252	里	lǐ	独体	7
217	劲	jìn/jìng	左右	7	253	力	lì	独体	2
218	经	jīng	左右	8	254	立	lì	独体	5
219	睛	jīng	左右	13	255	丽	lì	上下	7
220	井	jǐng	独体	4	256	连	lián	左下包	7
221	净	jìng	左右	8	257	脸	liǎn	左右	11
222	九	jiǔ	独体	2	258	两	liǎng	独体	7
223	就	jiù	左右	12	259	亮	liàng	上中下	9
224	举	jǔ	上下	9	260	辆	liàng	左右	11
225	句	jù	右上包	5	261	林	lín	左右	8
226	卡	kǎ/qiǎ	独体	5	262	另	lìng	上下	5
227	开	kāi	独体	4	263	流	liú	左右	10
228	看	kàn/kān	左上包	9	264	六	liù	独体	4
229	棵	kē	左右	12	265	龙	lóng	独体	5
230	可	kě	右上包	5	266	路	lù	左右	13
231	渴	kě	左右	12	267	妈	mā	左右	6
232	课	kè	左右	10	268	乱	luàn	左右	7
233	空	kōng/kòng	上下	8	269	落	luò/là	上下	12
234	口	kǒu	独体	3	270	绿	lǜ	左右	11
235	哭	kū	上下	10	271	马	mǎ	独体	3
236	苦	kǔ	上下	8	272	吗	ma/má	左右	6
237	裤	kù	左右	12	273	买	mǎi	上下	6
238	夸	kuā	上下	6	274	卖	mài	上下	8
239	块	kuài	左右	7	275	慢	màn	左右	14
240	快	kuài	左右	7	276	忙	máng	左右	6
241	拉	lā	左右	8	277	猫	māo	左右	11
242	来	lái	独体	7	278	毛	máo	独体	4
243	狼	láng	左右	10	279	帽	mào	左右	12
244	老	lǎo	左上包	6	280	么	me	独体	3

ID	汉字	拼音	结构	笔画	ID	汉字	拼音	结构	笔画
281	没	méi/mò	左右	7	317	胖	pàng	左右	9
282	每	měi	上下	7	318	跑	pǎo	左右	12
283	美	měi	上下	9	319	盆	pén	上下	9
284	妹	mèi	左右	8	320	朋	péng	左右	8
285	门	mén	独体	3	321	皮	pí	左上包	5
286	们	mén/men	左右	5	322	片	piàn/piān	独体	4
287	迷	mí	左下包	9	323	漂	piào/piāo/piǎo	左右	14
288	米	mǐ	独体	6	324	破	pò	左右	10
289	面	miàn	独体	9	325	七	qī	独体	2
290	灭	miè	上下	5	326	期	qī	左右	12
291	名	míng	上下	6	327	其	qí	上下	8
292	明	míng	左右	8	328	奇	qí/jī	上下	8
293	命	mìng	上下	8	329	起	qǐ	左下包	10
294	母	mǔ	独体	5	330	气	qì	独体	4
295	木	mù	独体	4	331	汽	qì	左右	7
296	目	mù	独体	5	332	千	qiān	独体	3
297	哪	nǎ	左右	9	333	铅	qiān	左右	10
298	那	nà	左右	6	334	前	qián	上下	9
299	奶	nǎi	左右	5	335	钱	qián	左右	10
300	男	nán	上下	7	336	悄	qiāo/qiǎo	左右	10
301	南	nán	上下	9	337	桥	qiáo	左右	10
302	难	nán/nàn	左右	10	338	巧	qiǎo	左右	5
303	呢	ne	左右	8	339	切	qiē/qiè	左右	4
304	能	néng	左右	10	340	亲	qīn/qìng	上下	9
305	你	nǐ	左右	7	341	青	qīng	上下	8
306	年	nián	独体	6	342	轻	qīng	左右	9
307	鸟	niǎo	独体	5	343	清	qīng	左右	11
308	您	nín	上下	11	344	情	qíng	左右	11
309	牛	niú	独体	4	345	请	qǐng	左右	10
310	女	nǚ	独体	3	346	庆	qìng	左上包	6
311	爬	pá	左下包	8	347	秋	qiū	左右	9
312	帕	pà	左右	8	348	求	qiú	独体	7
313	怕	pà	左右	8	349	球	qiú	左右	11
314	拍	pāi	左右	8	350	去	qù	上下	5
315	排	pái	左右	11	351	全	quán	上下	6
316	盘	pán	上下	11	352	裙	qún	左右	12

ID	汉字	拼音	结构	笔画	ID	汉字	拼音	结构	笔画
353	群	qún	左右	13	389	始	shǐ	左右	8
354	然	rán	上下	12	390	世	shì	独体	5
355	让	ràng	左右	5	391	市	shì	上下	5
356	热	rè	上下	10	392	事	shì	独体	8
357	人	rén	独体	2	393	视	shì	左右	8
358	认	rèn	左右	4	394	是	shì	上下	9
359	扔	rēng	左右	5	395	室	shì	上下	9
360	日	rì	独体	4	396	收	shōu	左右	6
361	肉	ròu	独体	6	397	手	shǒu	独体	4
362	如	rú	左右	6	398	书	shū	独体	4
363	赛	sài	上中下	14	399	叔	shū	左右	8
364	三	sān	独体	3	400	梳	shū	左右	11
365	伞	sǎn	上下	6	401	数	shǔ/shù	左右	13
366	扫	sǎo/sào	左右	6	402	术	shù	独体	5
367	色	sè	上下	6	403	树	shù	左右	9
368	森	sēn	其他	12	404	耍	shuǎ	上下	9
369	沙	shā	左右	7	405	双	shuāng	左右	4
370	山	shān	独体	3	406	水	shuǐ	独体	4
371	闪	shǎn	上三包	5	407	睡	shuì	左右	13
372	上	shàng	独体	3	408	说	shuō	左右	9
373	勺	sháo	右上包	3	409	死	sǐ	左上包	6
374	少	shǎo/shào	独体	4	410	四	sì	独体	5
375	舌	shé	上下	6	411	送	sòng	左下包	9
376	蛇	shé	左右	11	412	诉	sù	左右	7
377	谁	shéi/shuí	左右	10	413	岁	suì	上下	6
378	身	shēn	独体	7	414	所	suǒ	左右	8
379	什	shén	左右	4	415	他	tā	左右	5
380	生	shēng	独体	5	416	它	tā	上下	5
381	声	shēng	上下	7	417	她	tā	左右	6
382	师	shī	左右	6	418	台	tái	上下	5
383	湿	shī	左右	12	419	抬	tái	左右	8
384	十	shí	独体	2	420	太	tài	独体	4
385	石	shí	独体	5	421	特	tè	左右	10
386	时	shí	左右	7	422	踢	tī	左右	15
387	识	shí	左右	7	423	题	tí	左下包	15
388	使	shǐ	左右	8	424	体	tǐ	左右	7

ID	汉字	拼音	结构	笔画	ID	汉字	拼音	结构	笔画
425	天	tiān	独体	4	461	问	wèn	上三包	6
426	田	tián	独体	5	462	我	wǒ	独体	7
427	甜	tián	左右	11	463	屋	wū	左上包	9
428	条	tiáo	上下	7	464	五	wǔ	独体	4
429	跳	tiào	左右	13	465	午	wǔ	独体	4
430	听	tīng	左右	7	466	物	wù	左右	8
431	同	tóng/tòng	上三包	6	467	西	xī	独体	6
432	头	tóu/tou	独体	5	468	希	xī	上下	7
433	突	tū	上下	9	469	息	xī	上下	10
434	土	tǔ	独体	3	470	习	xí	独体	3
435	吐	tù/tǔ	左右	6	471	洗	xǐ	左右	9
436	兔	tù	上下	8	472	系	xì/jì	上下	7
437	托	tuō	左右	6	473	细	xì	左右	8
438	拖	tuō	左右	8	474	下	xià	独体	3
439	脱	tuō	左右	11	475	吓	xià/hè	左右	6
440	挖	wā	左右	9	476	夏	xià	上下	10
441	娃	wá	左右	9	477	先	xiān	上下	6
442	袜	wà	左右	10	478	现	xiàn	左右	8
443	外	wài	左右	5	479	线	xiàn	左右	8
444	弯	wān	上下	9	480	相	xiāng/xiàng	左右	9
445	完	wán	上下	7	481	香	xiāng	上下	9
446	玩	wán	左右	8	482	响	xiǎng	左右	9
447	晚	wǎn	左右	11	483	想	xiǎng	上下	13
448	万	wàn	独体	3	484	向	xiàng	上三包	6
449	王	wáng	独体	4	485	象	xiàng	独体	11
450	往	wǎng	左右	8	486	像	xiàng	左右	13
451	忘	wàng	上下	7	487	小	xiǎo	独体	3
452	尾	wěi	左上包	7	488	校	xiào/jiào	左右	10
453	卫	wèi	独体	3	489	笑	xiào	上下	10
454	为	wèi/wéi	独体	4	490	些	xiē	上下	8
455	未	wèi	独体	5	491	鞋	xié	左右	15
456	位	wèi	左右	7	492	写	xiě	上下	5
457	味	wèi	左右	8	493	心	xīn	独体	4
458	喂	wèi	左右	12	494	新	xīn	左右	13
459	文	wén	独体	4	495	信	xìn	左右	9
460	蚊	wén	左右	10	496	星	xīng	上下	9

ID	汉字	拼音	结构	笔画	ID	汉字	拼音	结构	笔画
497	兴	xìng/xīng	上下	6	533	油	yóu	左右	8
498	姓	xìng	左右	8	534	游	yóu	左右	12
499	休	xiū	左右	6	535	友	yǒu	左上包	4
500	许	xǔ	左右	6	536	有	yǒu	左上包	6
501	选	xuǎn	左下包	9	537	又	yòu	独体	2
502	学	xué	上下	8	538	右	yòu	左上包	5
503	雪	xuě	上下	11	539	幼	yòu	左右	5
504	呀	yā/ya	左右	7	540	于	yú	独体	3
505	牙	yá	独体	4	541	鱼	yú	上下	8
506	眼	yǎn	左右	11	542	羽	yǔ	左右	6
507	羊	yáng	独体	6	543	雨	yǔ	独体	8
508	阳	yáng	左右	6	544	语	yǔ	左右	9
509	洋	yáng	左右	9	545	元	yuán	上下	4
510	养	yǎng	上下	9	546	园	yuán	全包	7
511	样	yàng	左右	10	547	原	yuán	左上包	10
512	摇	yáo	左右	13	548	远	yuǎn	左下包	7
513	咬	yǎo	左右	9	549	院	yuàn	左右	9
514	药	yào	上下	9	550	月	yuè	独体	4
515	要	yào	上下	9	551	云	yún	独体	4
516	爷	yé	上下	6	552	再	zài	独体	6
517	也	yě	独体	3	553	在	zài	左上包	6
518	业	yè	独体	5	554	早	zǎo	上下	6
519	叶	yè	左右	5	555	澡	zǎo	左右	16
520	页	yè	独体	6	556	怎	zěn	上下	9
521	一	yī	独体	1	557	站	zhàn	左右	10
522	衣	yī	独体	6	558	张	zhāng	左右	7
523	医	yī	左三包	7	559	爪	zhǎo/zhuǎ	独体	4
524	已	yǐ	独体	3	560	找	zhǎo	左右	7
525	以	yǐ	左右	4	561	照	zhào	上下	13
526	椅	yǐ	左右	12	562	这	zhè	左下包	7
527	因	yīn	全包	6	563	着	zhe/zháo/zhuó/zhāo/	左上包	11
528	音	yīn	上下	9	564	针	zhēn	左右	7
529	饮	yǐn	左右	7	565	真	zhēn	上下	10
530	应	yīng/yìng	左上包	7	566	睁	zhēng	左右	11
531	泳	yǒng	左右	8	567	正	zhèng/zhēng	独体	5
532	用	yòng	独体	5					

ID	汉字	拼音	结构	笔画	ID	汉字	拼音	结构	笔画
568	支	zhī	上下	4	602	唉	āi/ài	左右	10
569	只	zhī/zhǐ	上下	5	603	矮	ǎi	左右	13
570	知	zhī	左右	8	604	安	ān	上下	6
571	直	zhí	上下	8	605	岸	àn	上下	8
572	纸	zhǐ	左右	7	606	按	àn	左右	9
573	指	zhǐ	左右	9	607	案	àn	上下	10
574	中	zhōng/zhòng	独体	4	608	暗	àn	左右	13
575	钟	zhōng	左右	9	609	傲	ào	左右	12
576	种	zhǒng/zhòng	左右	9	610	叭	bā	左右	5
577	朱	zhū	独体	6	611	拔	bá	左右	8
578	猪	zhū	左右	11	612	百	bǎi	独体	6
579	竹	zhú	左右	6	613	败	bài	左右	8
580	主	zhǔ	独体	5	614	拜	bài	左右	9
581	助	zhù	左右	7	615	搬	bān	左右	13
582	住	zhù	左右	7	616	板	bǎn	左右	8
583	祝	zhù	左右	9	617	扮	bàn	左右	7
584	抓	zhuā	左右	7	618	伴	bàn	左右	7
585	追	zhuī	左下包	9	619	绑	bǎng	左右	9
586	捉	zhuō	左右	10	620	膀	bǎng	左右	14
587	桌	zhuō	上下	10	621	棒	bàng	左右	12
588	子	zǐ	独体	3	622	傍	bàng	左右	12
589	自	zì	独体	6	623	薄	báo/bò/bó	上下	16
590	字	zì	上下	6	624	保	bǎo	左右	9
591	总	zǒng	上下	9	625	报	bào	左右	7
592	走	zǒu	上下	7	626	爆	bào	左右	19
593	足	zú	上下	7	627	备	bèi	上下	8
594	组	zǔ	左右	8	628	臂	bei/bì	上下	17
595	昨	zuó	左右	9	629	蹦	bèng	左右	18
596	左	zuǒ	左上包	5	630	鼻	bí	上中下	14
597	作	zuò	左右	7	631	必	bì	独体	5
598	坐	zuò	其他	7	632	闭	bì	上三包	6
599	座	zuò	左上包	10	633	便	biàn/pián	左右	9
600	做	zuò	左右	11	634	标	biāo	左右	9
2级					635	表	biǎo	上下	8
					636	并	bìng	上下	6
601	哎	āi	左右	8	637	玻	bō	左右	9

ID	汉字	拼音	结构	笔画	ID	汉字	拼音	结构	笔画
638	伯	bó	左右	7	674	城	chéng	左右	9
639	脖	bó	左右	11	675	盛	chéng/shèng	上下	11
640	膊	bó	左右	14	676	橙	chéng	左右	16
641	卜	bo/bǔ	独体	2	677	翅	chì	左下包	10
642	步	bù	上下	7	678	充	chōng	上下	6
643	部	bù	左右	10	679	宠	chǒng	上下	8
644	擦	cā	左右	17	680	抽	chōu	左右	8
645	裁	cái	右上包	12	681	臭	chòu	上下	10
646	踩	cǎi	左右	15	682	初	chū	左右	7
647	餐	cān	上下	16	683	厨	chú	左上包	12
648	苍	cāng	上下	7	684	川	chuān	独体	3
649	藏	cáng/zàng	上下	17	685	传	chuán/zhuàn	左右	6
650	操	cāo	左右	16	686	串	chuàn	独体	7
651	册	cè	独体	5	687	窗	chuāng	上下	12
652	厕	cè	左上包	8	688	创	chuàng/chuāng	左右	6
653	层	céng	左上包	7	689	词	cí	左右	7
654	叉	chā/chà	独体	3	690	刺	cì/cī	左右	8
655	插	chā	左右	12	691	葱	cōng	上下	12
656	茶	chá	上下	9	692	聪	cōng	左右	15
657	查	chá/zhā	上下	9	693	醋	cù	左右	15
658	察	chá	上下	14	694	村	cūn	左右	7
659	差	chà/chā/chāi/cī	左上包	9	695	带	dài	上中下	9
660	拆	chāi	左右	8	696	袋	dài	上下	11
661	肠	cháng	左右	7	697	戴	dài	右上包	17
662	尝	cháng	上下	9	698	单	dān	上下	8
663	场	chǎng/cháng	左右	6	699	但	dàn	左右	7
664	抄	chāo	左右	7	700	诞	dàn	左右	8
665	超	chāo	左下包	12	701	挡	dǎng	左右	9
666	朝	cháo/zhāo	左右	12	702	岛	dǎo	右上包	7
667	炒	chǎo	左右	8	703	倒	dǎo/dào	左右	10
668	尘	chén	上下	6	704	蹈	dǎo	左右	17
669	沉	chén	左右	7	705	凳	dèng	上下	14
670	陈	chén	左右	7	706	滴	dī	左右	14
671	晨	chén	上下	11	707	敌	dí	左右	10
672	称	chēng/chèn	左右	10	708	笛	dí	上下	11
673	诚	chéng	左右	8	709	底	dǐ	左上包	8

ID	汉字	拼音	结构	笔画	ID	汉字	拼音	结构	笔画
710	第	dì	上下	11	746	扶	fú	左右	7
711	典	diǎn	上下	8	747	福	fú	左右	13
712	钓	diào	左右	8	748	腐	fǔ	左上包	14
713	跌	diē	左右	12	749	负	fù	上下	6
714	叠	dié	上中下	13	750	复	fù	上中下	9
715	碟	dié	左右	14	751	富	fù	上下	12
716	盯	dīng	左右	7	752	竿	gān	上下	9
717	钉	dīng/dìng	左右	7	753	敢	gǎn	左右	11
718	顶	dǐng	左右	8	754	钢	gāng	左右	9
719	懂	dǒng	左右	15	755	缸	gāng	左右	9
720	冻	dòng	左右	7	756	高	gāo	上中下	10
721	抖	dǒu	左右	7	757	糕	gāo	左右	16
722	豆	dòu	上下	7	758	胳	gē	左右	10
723	端	duān	左右	14	759	鸽	gē	左右	11
724	短	duǎn	左右	12	760	割	gē	左右	12
725	堆	duī	左右	11	761	格	gé	左右	10
726	蹲	dūn	左右	19	762	各	gè	上下	6
727	顿	dùn	左右	10	763	更	gèng/gēng	独体	7
728	哆	duō	左右	9	764	弓	gōng	独体	3
729	躲	duǒ	左右	13	765	功	gōng	左右	5
730	鹅	é	左右	12	766	宫	gōng	上下	9
731	而	ér	独体	6	767	共	gòng	上下	6
732	罚	fá	上下	9	768	够	gòu	左右	11
733	帆	fān	左右	6	769	股	gǔ	左右	8
734	番	fān	上下	12	770	骨	gǔ/gū	上下	9
735	翻	fān	左右	18	771	顾	gù	左右	10
736	烦	fán	左右	10	772	刮	guā	左右	8
737	反	fǎn	左上包	4	773	乖	guāi	其他	8
738	范	fàn	上下	8	774	观	guān/guàn	左右	6
739	啡	fēi	左右	11	775	馆	guǎn	左右	11
740	肥	féi	左右	8	776	惯	guàn	左右	11
741	丰	fēng	独体	4	777	归	guī	左右	5
742	封	fēng	左右	9	778	龟	guī/jūn	上下	7
743	峰	fēng	左右	10	779	瑰	guī	左右	13
744	缝	fèng/féng	左右	13	780	贵	guì	上下	9
745	肤	fū	左右	8	781	滚	gǔn	左右	13

ID	汉字	拼音	结构	笔画	ID	汉字	拼音	结构	笔画
782	棍	gùn	左右	12	818	计	jì	左右	4
783	锅	guō	左右	12	819	纪	jì	左右	6
784	害	hài	上中下	10	820	季	jì	上下	8
785	寒	hán	上中下	12	821	既	jì	左右	9
786	耗	hào	左右	10	822	继	jì	左右	10
787	荷	hé/hè	上下	10	823	绩	jì	左右	11
788	核	hé/hú	左右	10	824	夹	jiā/jiá	独体	6
789	盒	hé	上下	11	825	甲	jiǎ	独体	5
790	贺	hè	上下	9	826	假	jiǎ/jià	左右	11
791	黑	hēi	上下	12	827	价	jià	左右	6
792	嘿	hēi	左右	15	828	架	jià	上下	9
793	哼	hēng	左右	10	829	尖	jiān	上下	6
794	横	héng/hèng	左右	15	830	煎	jiān	上下	13
795	轰	hōng	上下	8	831	捡	jiǎn	左右	10
796	虹	hóng	左右	9	832	检	jiǎn	左右	11
797	洪	hóng	左右	9	833	减	jiǎn	左右	11
798	厚	hòu	左上包	9	834	剪	jiǎn	上下	11
799	狐	hú	左右	8	835	简	jiǎn	上下	13
800	胡	hú	左右	9	836	建	jiàn	左下包	8
801	壶	hú	上中下	10	837	健	jiàn	左右	10
802	糊	hú/hù	左右	15	838	将	jiāng/jiàng	左右	9
803	护	hù	左右	7	839	奖	jiǎng	上下	9
804	划	huá/huà	左右	6	840	降	jiàng/xiáng	左右	8
805	怀	huái	左右	7	841	浇	jiāo	左右	9
806	黄	huáng	上中下	11	842	骄	jiāo	左右	9
807	谎	huǎng	左右	11	843	胶	jiāo	左右	10
808	晃	huàng/huǎng	上下	10	844	跤	jiāo	左右	13
809	伙	huǒ	左右	6	845	蕉	jiāo	上下	15
810	货	huò	上下	8	846	角	jiǎo/jué	上下	7
811	圾	jī	左右	6	847	狡	jiǎo	左右	9
812	积	jī	左右	10	848	饺	jiǎo	左右	9
813	激	jī	左右	16	849	结	jiē/jié	左右	9
814	及	jí	独体	3	850	接	jiē	左右	11
815	吉	jí	上下	6	851	街	jiē	左中右	12
816	集	jí	上下	12	852	洁	jié	左右	9
817	挤	jǐ	左右	9	853	解	jiě	左右	13

ID	汉字	拼音	结构	笔画	ID	汉字	拼音	结构	笔画
854	介	jiè	上下	4	890	客	kè	上下	9
855	戒	jiè	右上包	7	891	坑	kēng	左右	7
856	斤	jīn	独体	4	892	孔	kǒng	左右	4
857	紧	jǐn	上下	10	893	扣	kòu	左右	6
858	尽	jìn/jǐn	上下	6	894	宽	kuān	上下	10
859	京	jīng	上中下	8	895	矿	kuàng	左右	8
860	惊	jīng	左右	11	896	困	kùn	全包	7
861	精	jīng	左右	14	897	垃	lā	左右	8
862	颈	jǐng	左右	11	898	啦	lā/la	左右	11
863	景	jǐng	上下	12	899	蜡	là	左右	14
864	警	jǐng	上下	19	900	辣	là	左右	14
865	静	jìng	左右	14	901	拦	lán	左右	8
866	镜	jìng	左右	16	902	蓝	lán	上下	13
867	久	jiǔ	独体	3	903	篮	lán	上下	16
868	酒	jiǔ	左右	10	904	懒	lǎn	左右	16
869	旧	jiù	左右	5	905	烂	làn	左右	9
870	舅	jiù	上下	13	906	朗	lǎng	左右	10
871	居	jū	左上包	8	907	浪	làng	左右	10
872	桔	jú	左右	10	908	劳	láo	上中下	7
873	菊	jú	上下	11	909	姥	lǎo	左右	9
874	橘	jú	左右	16	910	狸	lí	左右	10
875	巨	jù	独体	4	911	离	lí	上下	10
876	具	jù	上下	8	912	梨	lí	上下	11
877	剧	jù	左右	10	913	璃	lí	左右	14
878	卷	juǎn/juàn	上下	8	914	理	lǐ	左右	11
879	决	jué	左右	6	915	厉	lì	左上包	5
880	绝	jué	左右	9	916	励	lì	左右	7
881	军	jūn	上下	6	917	利	lì	左右	7
882	咖	kā/gā	左右	8	918	粒	lì	左右	11
883	康	kāng	左上包	11	919	怜	lián	左右	8
884	考	kǎo	左上包	6	920	帘	lián	上下	8
885	科	kē	左右	9	921	练	liàn	左右	8
886	壳	ké/qiào	上中下	7	922	良	liáng	独体	7
887	咳	ké	左右	9	923	凉	liáng/liàng	左右	10
888	克	kè	上下	7	924	量	liáng/liàng	上下	12
889	刻	kè	左右	8	925	粮	liáng	左右	13

ID	汉字	拼音	结构	笔画	ID	汉字	拼音	结构	笔画
926	晾	liàng	左右	12	962	秘	mì	左右	10
927	料	liào	左右	10	963	密	mì	上下	11
928	邻	lín	左右	7	964	绵	mián	左右	11
929	淋	lín	左右	11	965	棉	mián	左右	12
930	铃	líng	左右	10	966	苗	miáo	上下	8
931	零	líng	上下	13	967	民	mín	独体	5
932	领	lǐng	左右	11	968	魔	mó	左上包	20
933	令	lìng	上下	5	969	末	mò	独体	5
934	留	liú	上下	10	970	漠	mò	左右	13
935	笼	lóng/lǒng	上下	11	971	拿	ná	上下	10
936	隆	lóng	左右	11	972	脑	nǎo	左右	10
937	楼	lóu	左右	13	973	闹	nào	上三包	8
938	搂	lǒu	左右	12	974	内	nèi	独体	4
939	漏	lòu	左右	14	975	泥	ní/nì	左右	8
940	录	lù	上下	8	976	念	niàn	上下	8
941	露	lù/lòu	上下	21	977	尿	niào	左上包	7
942	旅	lǚ	左右	10	978	捏	niē	左右	10
943	律	lǜ	左右	9	979	宁	níng/nìng	上下	5
944	轮	lún	左右	8	980	扭	niǔ	左右	7
945	萝	luó	上下	11	981	纽	niǔ	左右	7
946	抹	mā/mǒ/mò	左右	8	982	农	nóng	独体	6
947	麻	má	左上包	11	983	弄	nòng	上下	7
948	码	mǎ	左右	8	984	努	nǔ	上下	7
949	蚂	mǎ	左右	9	985	暖	nuǎn	左右	13
950	骂	mà	上下	9	986	噢	ō	左右	15
951	嘛	ma	左右	14	987	哦	ó/ò	左右	10
952	埋	mái/mán	左右	10	988	呕	ǒu	左右	7
953	馒	mán	左右	14	989	趴	pā	左右	9
954	满	mǎn	左右	13	990	牌	pái	左右	12
955	芒	máng	上下	6	991	判	pàn	左右	7
956	冒	mào	上下	9	992	乓	pāng	上下	6
957	貌	mào	左右	14	993	旁	páng	上下	10
958	玫	méi	左右	8	994	螃	páng	左右	16
959	眉	méi	左上包	9	995	泡	pào/pāo	左右	8
960	梦	mèng	上下	11	996	陪	péi	左右	10
961	谜	mí	左右	11	997	喷	pēn	左右	12

ID	汉字	拼音	结构	笔画	ID	汉字	拼音	结构	笔画
998	捧	pěng	左右	11	1034	敲	qiāo	左右	14
999	碰	pèng	左右	13	1035	茄	qié/jiā	上下	8
1000	批	pī	左右	7	1036	且	qiě	独体	5
1001	披	pī	左右	8	1037	琴	qín	上下	12
1002	劈	pī/pǐ	上下	15	1038	勤	qín	左右	13
1003	匹	pǐ	左三包	4	1039	晴	qíng	左右	12
1004	屁	pì	左上包	7	1040	穷	qióng	上下	7
1005	篇	piān	上下	15	1041	区	qū	左三包	4
1006	骗	piàn	左右	12	1042	曲	qū/qǔ	独体	6
1007	飘	piāo	左右	15	1043	取	qǔ	左右	8
1008	票	piào	上下	11	1044	趣	qù	左下包	15
1009	拼	pīn	左右	9	1045	圈	quān/juàn	全包	11
1010	频	pín	左右	13	1046	泉	quán	上下	9
1011	品	pǐn	其他	9	1047	拳	quán	上下	10
1012	乒	pīng	上下	6	1048	缺	quē	左右	10
1013	平	píng	独体	5	1049	却	què	左右	7
1014	评	píng	左右	7	1050	染	rǎn	上下	9
1015	苹	píng	上下	8	1051	任	rèn	左右	6
1016	瓶	píng	左右	10	1052	容	róng	上下	10
1017	坡	pō	左右	8	1053	入	rù	独体	2
1018	泼	pō	左右	8	1054	软	ruǎn	左右	8
1019	婆	pó	上下	11	1055	撒	sā/sǎ	左右	15
1020	扑	pū	左右	5	1056	洒	sǎ	左右	9
1021	铺	pū/pù	左右	12	1057	塞	sāi/sài/sè	上中下	13
1022	欺	qī	左右	12	1058	散	sàn/sǎn	左右	12
1023	齐	qí	上下	6	1059	嗓	sǎng	左右	13
1024	骑	qí	左右	11	1060	杀	shā	上下	6
1025	棋	qí	左右	12	1061	晒	shài	左右	10
1026	旗	qí	左右	14	1062	扇	shān/shàn	左上包	10
1027	乞	qǐ	上下	3	1063	善	shàn	上下	12
1028	企	qǐ	上下	6	1064	伤	shāng	左右	6
1029	牵	qiān	上中下	9	1065	商	shāng	上下	11
1030	签	qiān	上下	13	1066	尚	shàng	上下	8
1031	浅	qiǎn	左右	8	1067	裳	shang	上下	14
1032	枪	qiāng	左右	8	1068	烧	shāo	左右	10
1033	抢	qiǎng	左右	7	1069	舍	shě/shè	上下	8

ID	汉字	拼音	结构	笔画	ID	汉字	拼音	结构	笔画
1070	社	shè	左右	7	1106	塑	sù	上下	13
1071	射	shè	左右	10	1107	酸	suān	左右	14
1072	伸	shēn	左右	7	1108	蒜	suàn	上下	13
1073	深	shēn	左右	11	1109	算	suàn	上下	14
1074	升	shēng	独体	4	1110	碎	suì	左右	13
1075	绳	shéng	左右	11	1111	嗦	suō	左右	13
1076	圣	shèng	上下	5	1112	锁	suǒ	左右	12
1077	胜	shèng	左右	9	1113	踏	tà/tā	左右	15
1078	剩	shèng	左右	12	1114	态	tài	上下	8
1079	失	shī	独体	5	1115	贪	tān	上下	8
1080	诗	shī	左右	8	1116	滩	tān	左右	13
1081	实	shí	左右	8	1117	弹	tán/dàn	左右	11
1082	拾	shí	左右	9	1118	汤	tāng	左右	6
1083	食	shí	上下	9	1119	堂	táng	上下	11
1084	士	shì	独体	3	1120	塘	táng	左右	13
1085	势	shì	上下	8	1121	糖	táng	左右	16
1086	试	shì	左右	8	1122	躺	tǎng	左右	15
1087	匙	shi	左下包	11	1123	掏	tāo	左右	11
1088	首	shǒu	独体	9	1124	逃	táo	左下包	9
1089	受	shòu	上中下	8	1125	淘	táo	左右	11
1090	兽	shòu	上中下	11	1126	讨	tǎo	左右	5
1091	瘦	shòu	左上包	14	1127	套	tào	上下	10
1092	舒	shū	左右	12	1128	疼	téng	左上包	10
1093	输	shū	左右	13	1129	梯	tī	左右	11
1094	蔬	shū	上下	15	1130	提	tí	左右	12
1095	熟	shú	上下	15	1131	涕	tì	左右	10
1096	暑	shǔ	上下	12	1132	填	tián	左右	13
1097	竖	shù	上下	9	1133	挑	tiāo/tiǎo	左右	9
1098	刷	shuā	左右	8	1134	调	tiáo/diào	左右	10
1099	甩	shuǎi	独体	5	1135	铁	tiě	左右	10
1100	帅	shuài	左右	5	1136	厅	tīng	左上包	4
1101	司	sī	右上包	5	1137	停	tíng	左右	11
1102	思	sī	上下	9	1138	挺	tǐng	左右	9
1103	撕	sī	左右	15	1139	通	tōng/tòng	左下包	10
1104	松	sōng	左右	8	1140	童	tóng	上下	12
1105	嗽	sòu	左右	14	1141	桶	tǒng	左右	11

ID	汉字	拼音	结构	笔画	ID	汉字	拼音	结构	笔画
1142	痛	tòng	左上包	12	1178	乡	xiāng	独体	3
1143	透	tòu	左下包	10	1179	箱	xiāng	上下	15
1144	图	tú	全包	8	1180	项	xiàng	左右	9
1145	涂	tú	左右	10	1181	消	xiāo	左右	10
1146	腿	tuǐ	左右	13	1182	削	xiāo/xuē	左右	9
1147	退	tuì	左下包	9	1183	歇	xiē	左右	13
1148	吞	tūn	上下	7	1184	斜	xié	左右	11
1149	豚	tún	左右	11	1185	谢	xiè	左右	12
1150	哇	wā	左右	9	1186	蟹	xiè	上下	19
1151	蛙	wā	左右	12	1187	辛	xīn	上下	7
1152	歪	wāi	上下	9	1188	形	xíng	左右	7
1153	丸	wán	独体	3	1189	幸	xìng	上下	8
1154	亡	wáng	独体	3	1190	兄	xiōng	上下	5
1155	网	wǎng	上三包	6	1191	袖	xiù	左右	10
1156	危	wēi	左上包	6	1192	虚	xū	左上包	11
1157	微	wēi	左右	13	1193	续	xù	左右	11
1158	围	wéi	全包	7	1194	穴	xué	上下	5
1159	温	wēn	左右	12	1195	血	xuè/xiě	独体	6
1160	纹	wén	左右	7	1196	压	yā/yà	左上包	6
1161	闻	wén	上三包	9	1197	鸦	yā	左右	9
1162	窝	wō	上下	12	1198	鸭	yā	左右	10
1163	握	wò	左右	12	1199	芽	yá	上下	7
1164	乌	wū	独体	4	1200	亚	yà	独体	6
1165	无	wú	独体	4	1201	烟	yān	左右	10
1166	武	wǔ	右上包	8	1202	言	yán	独体	7
1167	误	wù	左右	9	1203	盐	yán	上下	10
1168	雾	wù	上下	13	1204	颜	yán	左右	15
1169	夕	xī	独体	3	1205	演	yǎn	左右	14
1170	吸	xī	左右	6	1206	厌	yàn	左上包	6
1171	喜	xǐ	上中下	12	1207	咽	yàn/yān/yè	左右	9
1172	戏	xì	左右	6	1208	艳	yàn	左右	10
1173	虾	xiā	左右	9	1209	燕	yàn	上中下	16
1174	瞎	xiā	左右	15	1210	扬	yáng	左右	6
1175	鲜	xiān/xiǎn	左右	14	1211	痒	yǎng	左上包	11
1176	咸	xián	上三包	9	1212	腰	yāo	左右	13
1177	险	xiǎn	左右	9	1213	钥	yào	左右	9

ID	汉字	拼音	结构	笔画	ID	汉字	拼音	结构	笔画
1214	野	yě	左右	11	1250	咱	zán	左右	9
1215	夜	yè	上下	8	1251	脏	zāng/zàng	左右	10
1216	宜	yí	上下	8	1252	皂	zào	上下	7
1217	姨	yí	左右	9	1253	造	zào	左下包	10
1218	乙	yǐ	独体	1	1254	喳	zhā/chā	左右	12
1219	蚁	yǐ	左右	9	1255	炸	zhá/zhà	左右	9
1220	议	yì	左右	5	1256	眨	zhǎ	左右	9
1221	易	yì	上下	8	1257	摘	zhāi	左右	14
1222	意	yì	上下	13	1258	窄	zhǎi	上下	10
1223	阴	yīn	左右	6	1259	粘	zhān	左右	11
1224	银	yín	左右	11	1260	仗	zhàng	左右	5
1225	印	yìn	左右	5	1261	招	zhāo	左右	8
1226	迎	yíng	左下包	7	1262	折	zhé/shé/zhē	左右	7
1227	营	yíng	上下	11	1263	者	zhě	左上包	8
1228	蝇	yíng	左右	14	1264	枕	zhěn	左右	8
1229	影	yǐng	左右	15	1265	阵	zhèn	左右	6
1230	硬	yìng	左右	12	1266	争	zhēng	上下	6
1231	哟	yō/yo	左右	9	1267	筝	zhēng	上下	12
1232	拥	yōng	左右	8	1268	蒸	zhēng	上下	13
1233	永	yǒng	独体	5	1269	整	zhěng	上下	16
1234	勇	yǒng	上下	9	1270	汁	zhī	左右	5
1235	优	yōu	左右	6	1271	芝	zhī	上下	6
1236	忧	yōu	左右	7	1272	枝	zhī	左右	8
1237	由	yóu	独体	5	1273	值	zhí	左右	10
1238	邮	yóu	左右	7	1274	植	zhí	左右	12
1239	愉	yú	左右	12	1275	址	zhǐ	左右	7
1240	玉	yù	独体	5	1276	治	zhì	左右	8
1241	育	yù	上下	8	1277	终	zhōng	左右	8
1242	浴	yù	左右	10	1278	众	zhòng	上下	6
1243	预	yù	左右	10	1279	重	zhòng/chóng	独体	9
1244	遇	yù	左下包	12	1280	舟	zhōu	独体	6
1245	员	yuán	上下	7	1281	州	zhōu	独体	6
1246	阅	yuè	上三包	10	1282	周	zhōu	上三包	8
1247	运	yùn	左下包	7	1283	珠	zhū	左右	10
1248	扎	zā/zhā/zhá	左右	4	1284	烛	zhú	左右	10
1249	砸	zá	左右	10	1285	煮	zhǔ	上下	12

ID	汉字	拼音	结构	笔画	ID	汉字	拼音	结构	笔画
1286	注	zhù	左右	8	1320	扁	biǎn	左上包	9
1287	专	zhuān	独体	4	1321	遍	biàn	左下包	12
1288	转	zhuǎn/zhuàn	左右	8	1322	辨	biàn	左中右	17
1289	庄	zhuāng	左上包	6	1323	宾	bīn	上下	10
1290	装	zhuāng	上下	12	1324	缤	bīn	左右	13
1291	壮	zhuàng	左右	6	1325	兵	bīng	上下	7
1292	状	zhuàng	左右	7	1326	拨	bō	左右	8
1293	准	zhǔn	左右	10	1327	波	bō	左右	8
1294	姿	zī	上下	9	1328	剥	bō/bāo	左右	10
1295	紫	zǐ	上下	12	1329	播	bō	左右	15
1296	租	zū	左右	10	1330	博	bó	左右	12
1297	祖	zǔ	左右	9	1331	补	bǔ	左右	7
1298	钻	zuān/zuàn	左右	10	1332	捕	bǔ	左右	10
1299	嘴	zuǐ	左右	16	1333	材	cái	左右	7
1300	最	zuì	上下	12	1334	财	cái	左右	7
					1335	残	cán	左右	9
					1336	惭	cán	左右	11

3级

ID	汉字	拼音	结构	笔画	ID	汉字	拼音	结构	笔画
1301	挨	ái/āi	左右	10	1337	灿	càn	左右	7
1302	扒	bā	左右	5	1338	仓	cāng	上下	4
1303	疤	bā	左上包	9	1339	侧	cè	左右	8
1304	摆	bǎi	左右	13	1340	测	cè	左右	9
1305	般	bān	左右	10	1341	馋	chán	左右	12
1306	斑	bān	左中右	12	1342	缠	chán	左右	13
1307	绊	bàn	左右	8	1343	产	chǎn	独体	6
1308	瓣	bàn	左中右	19	1344	铲	chǎn	左右	11
1309	胞	bāo	左右	9	1345	敞	chǎng	左右	12
1310	暴	bào	上中下	15	1346	嘲	cháo	左右	15
1311	奔	bēn/bèn	上下	8	1347	潮	cháo	左右	15
1312	逼	bī	左下包	12	1348	扯	chě	左右	7
1313	币	bì	上下	4	1349	臣	chén	独体	6
1314	碧	bì	上下	14	1350	衬	chèn	左右	8
1315	弊	bì	上下	14	1351	趁	chèn	左下包	12
1316	壁	bì	上下	16	1352	撑	chēng	左右	15
1317	避	bì	左下包	16	1353	承	chéng	独体	8
1318	编	biān	左右	12	1354	乘	chéng	其他	10
1319	鞭	biān	左右	18	1355	程	chéng	左右	12

ID	汉字	拼音	结构	笔画	ID	汉字	拼音	结构	笔画
1356	惩	chéng	上下	12	1392	蝶	dié	左右	15
1357	持	chí	左右	9	1393	订	dìng	左右	4
1358	赤	chì	上下	7	1394	栋	dòng	左右	9
1359	愁	chóu	上下	13	1395	陡	dǒu	左右	9
1360	除	chú	左右	9	1396	蚪	dǒu	左右	10
1361	楚	chǔ	上下	13	1397	逗	dòu	左下包	10
1362	触	chù	左右	13	1398	独	dú	左右	9
1363	喘	chuǎn	左右	12	1399	堵	dǔ	左右	11
1364	锤	chuí	左右	13	1400	度	dù/duó	左上包	9
1365	纯	chún	左右	7	1401	段	duàn	左右	9
1366	唇	chún	左上包	10	1402	断	duàn	左右	11
1367	此	cǐ	左右	6	1403	夺	duó	上下	6
1368	匆	cōng	独体	5	1404	恶	è/ě/wù	上下	10
1369	丛	cóng	上下	5	1405	繁	fán	上下	17
1370	催	cuī	左右	13	1406	犯	fàn	左右	5
1371	脆	cuì	左右	10	1407	贩	fàn	左右	8
1372	翠	cuì	上下	14	1408	芳	fāng	上下	7
1373	存	cún	左上包	6	1409	防	fáng	左右	6
1374	搭	dā	左右	12	1410	仿	fǎng	左右	6
1375	达	dá	左下包	6	1411	废	fèi	左上包	8
1376	呆	dāi	上下	7	1412	费	fèi	上下	9
1377	待	dāi/dài	左右	9	1413	芬	fēn	上下	7
1378	逮	dǎi/dài	左下包	11	1414	吩	fēn	左右	7
1379	代	dài	左右	5	1415	纷	fēn	左右	7
1380	担	dān/dàn	左右	8	1416	份	fèn	左右	6
1381	耽	dān	左右	10	1417	奋	fèn	上下	8
1382	胆	dǎn	左右	9	1418	粪	fèn	上下	12
1383	旦	dàn	上下	5	1419	蜂	fēng	左右	13
1384	淡	dàn	左右	11	1420	否	fǒu/pǐ	上下	7
1385	荡	dàng	上下	9	1421	伏	fú	左右	6
1386	导	dǎo	上下	6	1422	浮	fú	左右	10
1387	登	dēng	上下	12	1423	符	fú	上下	11
1388	递	dì	左下包	10	1424	幅	fú	左右	12
1389	垫	diàn	上下	9	1425	斧	fǔ	上下	8
1390	叼	diāo	左右	5	1426	辅	fǔ	左右	11
1391	吊	diào	上下	6	1427	付	fù	左右	5

ID	汉字	拼音	结构	笔画
1428	附	fù	左右	7
1429	咐	fù	左右	8
1430	副	fù	左右	11
1431	盖	gài	上下	11
1432	概	gài	左右	13
1433	甘	gān	独体	5
1434	杆	gān/gǎn	左右	7
1435	港	gǎng	左右	12
1436	膏	gāo	上下	14
1437	戈	gē	独体	4
1438	隔	gé	左右	12
1439	攻	gōng	左右	7
1440	恭	gōng	上下	10
1441	躬	gōng	左右	10
1442	勾	gōu/gòu	右上包	4
1443	沟	gōu	左右	7
1444	钩	gōu	左右	9
1445	购	gòu	左右	8
1446	孤	gū	左右	8
1447	鼓	gǔ	左右	13
1448	固	gù	全包	8
1449	拐	guǎi	左右	8
1450	管	guǎn	上下	14
1451	冠	guàn/guān	上下	9
1452	罐	guàn	左右	23
1453	逛	guàng	左下包	10
1454	规	guī	左右	8
1455	轨	guǐ	左右	6
1456	鬼	guǐ	独体	9
1457	柜	guì	左右	8
1458	跪	guì	左右	13
1459	含	hán	上下	7
1460	旱	hàn	上下	7
1461	航	háng	左右	10
1462	毫	háo	上下	11
1463	呵	hē	左右	8
1464	何	hé	左右	7
1465	狠	hěn	左右	9
1466	哄	hōng/hǒng/hòng	左右	9
1467	乎	hū	独体	5
1468	蝴	hú	左右	15
1469	滑	huá	左右	12
1470	槐	huái	左右	13
1471	环	huán	左右	8
1472	幻	huàn	左右	4
1473	唤	huàn	左右	10
1474	焕	huàn	左右	11
1475	慌	huāng	左右	12
1476	挥	huī	左右	9
1477	恢	huī	左右	9
1478	辉	huī	左右	12
1479	悔	huǐ	左右	10
1480	昏	hūn	上下	8
1481	混	hùn	左右	11
1482	或	huò	右上包	8
1483	获	huò	上下	10
1484	饥	jī	左右	5
1485	基	jī	上下	11
1486	即	jí	左右	7
1487	疾	jí	左上包	10
1488	际	jì	左右	7
1489	迹	jì	左下包	9
1490	寄	jì	上下	11
1491	驾	jià	上下	8
1492	稼	jià	左右	15
1493	坚	jiān	上下	7
1494	肩	jiān	左上包	8
1495	拣	jiǎn	左右	8
1496	剑	jiàn	左右	9
1497	渐	jiàn	左右	11
1498	箭	jiàn	上下	15

ID	汉字	拼音	结构	笔画	ID	汉字	拼音	结构	笔画
1499	浆	jiāng	上下	10	1535	枯	kū	左右	9
1500	郊	jiāo	左右	8	1536	库	kù	左上包	7
1501	椒	jiāo	左右	12	1537	酷	kù	左右	14
1502	轿	jiào	左右	10	1538	跨	kuà	左右	13
1503	较	jiào	左右	10	1539	筷	kuài	上下	13
1504	阶	jiē	左右	6	1540	狂	kuáng	左右	7
1505	杰	jié	上下	8	1541	况	kuàng	左右	7
1506	筋	jīn	上下	12	1542	亏	kuī	上下	3
1507	仅	jǐn	左右	4	1543	愧	kuì	左右	12
1508	禁	jìn/jīn	上下	13	1544	昆	kūn	上下	8
1509	晶	jīng	其他	12	1545	捆	kǔn	左右	10
1510	径	jìng	左右	8	1546	扩	kuò	左右	6
1511	竞	jìng	上下	10	1547	括	kuò	左右	9
1512	竟	jìng	上下	11	1548	阔	kuò	上三包	12
1513	敬	jìng	左右	12	1549	腊	là	左右	12
1514	境	jìng	左右	14	1550	栏	lán	左右	9
1515	究	jiū	上下	7	1551	览	lǎn	左右	9
1516	揪	jiū	左右	12	1552	郎	láng	左右	8
1517	救	jiù	左右	11	1553	廊	láng	左上包	11
1518	鞠	jū	左右	17	1554	捞	lāo	左右	10
1519	局	jú	左上包	7	1555	牢	láo	上下	7
1520	据	jù/jū	左右	11	1556	类	lèi	上下	9
1521	聚	jù	上下	14	1557	厘	lí	左上包	9
1522	倦	juàn	左右	10	1558	李	lǐ	上下	7
1523	菌	jūn	上下	11	1559	历	lì	左上包	4
1524	砍	kǎn	左右	9	1560	例	lì	左右	8
1525	扛	káng	左右	6	1561	俩	liǎ/liǎng	左右	9
1526	抗	kàng	左右	7	1562	莲	lián	上下	10
1527	烤	kǎo	左右	10	1563	联	lián	左右	12
1528	靠	kào	上下	15	1564	炼	liàn	左右	9
1529	颗	kē	左右	14	1565	谅	liàng	左右	10
1530	蝌	kē	左右	15	1566	聊	liáo	左右	11
1531	肯	kěn	上下	8	1567	列	liè	左右	6
1532	啃	kěn	左右	11	1568	烈	liè	上下	10
1533	恐	kǒng	上下	10	1569	猎	liè	左右	11
1534	控	kòng	左右	11	1570	裂	liè	上下	12

ID	汉字	拼音	结构	笔画	ID	汉字	拼音	结构	笔画
1571	临	lín	左右	9	1607	幕	mù	上下	13
1572	灵	líng	上下	7	1608	慕	mù	上下	14
1573	凌	líng	左右	10	1609	耐	nài	左右	9
1574	龄	líng	左右	13	1610	恼	nǎo	左右	9
1575	岭	lǐng	左右	8	1611	嫩	nèn	左右	14
1576	溜	liū/liù	左右	13	1612	娘	niáng	左右	10
1577	榴	liú	左右	14	1613	拧	nǐng	左右	8
1578	柳	liǔ	左右	9	1614	浓	nóng	左右	9
1579	炉	lú	左右	8	1615	怒	nù	上下	9
1580	陆	lù	左右	7	1616	偶	ǒu	左右	11
1581	碌	lù	左右	13	1617	派	pài	左右	9
1582	虑	lù	左上包	10	1618	盼	pàn	左右	9
1583	卵	luǎn	左右	7	1619	庞	páng	左上包	8
1584	论	lùn	左右	6	1620	抛	pāo	左右	7
1585	络	luò	左右	9	1621	炮	pào/páo	左右	9
1586	麦	mài	上下	7	1622	赔	péi	左右	12
1587	漫	màn	左右	14	1623	砰	pēng	左右	10
1588	茫	máng	上下	9	1624	疲	pí	左上包	10
1589	茂	mào	上下	8	1625	脾	pí	左右	12
1590	梅	méi	左右	11	1626	偏	piān	左右	11
1591	闷	mēn/mèn	上三包	7	1627	贫	pín	上下	8
1592	猛	měng	左右	11	1628	坪	píng	左右	8
1593	眯	mī	左右	11	1629	屏	píng/bǐng	左上包	9
1594	蜜	mì	上下	14	1630	葡	pú	上下	12
1595	免	miǎn	上下	7	1631	普	pǔ	上下	12
1596	描	miáo	左右	11	1632	启	qǐ	左上包	7
1597	秒	miǎo	左右	9	1633	弃	qì	上下	7
1598	妙	miào	左右	7	1634	器	qì	上中下	16
1599	鸣	míng	左右	8	1635	恰	qià	左右	9
1600	摸	mō	左右	13	1636	谦	qiān	左右	12
1601	模	mó/mú	左右	14	1637	欠	qiàn	上下	4
1602	摩	mó	左上包	15	1638	歉	qiàn	左右	14
1603	磨	mó/mò	左上包	16	1639	强	qiáng/qiǎng/jiàng	左右	12
1604	沫	mò	左右	8	1640	墙	qiáng	左右	14
1605	陌	mò	左右	8	1641	侨	qiáo	左右	8
1606	默	mò	左右	16					

ID	汉字	拼音	结构	笔画	ID	汉字	拼音	结构	笔画
1642	瞧	qiáo	左右	17	1678	狮	shī	左右	9
1643	倾	qīng	左右	10	1679	史	shǐ	独体	5
1644	蜻	qīng	左右	14	1680	驶	shǐ	左右	8
1645	屈	qū	左上包	8	1681	氏	shì	独体	4
1646	权	quán	左右	6	1682	示	shì	上下	5
1647	犬	quǎn	独体	4	1683	式	shì	右上包	6
1648	劝	quàn	左右	4	1684	似	shì/sì	左右	6
1649	确	què	左右	12	1685	饰	shì	左右	8
1650	燃	rán	左右	16	1686	适	shì	左下包	9
1651	嚷	rǎng/rāng	左右	20	1687	释	shì	左右	12
1652	饶	ráo	左右	9	1688	守	shǒu	上下	6
1653	扰	rǎo	左右	7	1689	售	shòu	上下	11
1654	绕	rào	左右	9	1690	属	shǔ	左上包	12
1655	忍	rěn	上下	7	1691	鼠	shǔ	独体	13
1656	仍	réng	左右	4	1692	束	shù	独体	7
1657	茸	róng	上下	9	1693	摔	shuāi	左右	14
1658	绒	róng	左右	9	1694	拴	shuān	左右	9
1659	融	róng	左右	16	1695	霜	shuāng	上下	17
1660	柔	róu	上下	9	1696	爽	shuǎng	其他	11
1661	揉	róu	左右	12	1697	顺	shùn	左右	9
1662	锐	ruì	左右	12	1698	烁	shuò	左右	9
1663	弱	ruò	左右	10	1699	丝	sī	上下	5
1664	纱	shā	左右	7	1700	私	sī	左右	7
1665	啥	shá	左右	11	1701	斯	sī	左右	12
1666	厦	shà	左上包	12	1702	寺	sì	上下	6
1667	衫	shān	左右	8	1703	诵	sòng	左右	9
1668	赏	shǎng	上下	12	1704	艘	sōu	左右	15
1669	梢	shāo	左右	11	1705	速	sù	左下包	10
1670	稍	shāo/shào	左右	12	1706	宿	sù/xiǔ	上下	11
1671	绍	shào	左右	8	1707	虽	suī	上下	9
1672	哨	shào	左右	10	1708	随	suí	左右	11
1673	设	shè	左右	6	1709	孙	sūn	左右	6
1674	摄	shè	左右	13	1710	缩	suō	左右	14
1675	神	shén	左右	9	1711	索	suǒ	上下	10
1676	省	shěng/xǐng	上下	9	1712	塔	tǎ	左右	12
1677	尸	shī	独体	3	1713	胎	tāi	左右	9

ID	汉字	拼音	结构	笔画	ID	汉字	拼音	结构	笔画
1714	摊	tān	左右	13	1750	伟	wěi	左右	6
1715	坛	tán	左右	7	1751	委	wěi	上下	8
1716	谈	tán	左右	10	1752	胃	wèi	上下	9
1717	坦	tǎn	左右	8	1753	稳	wěn	左右	14
1718	叹	tàn	左右	5	1754	翁	wēng	上下	10
1719	唐	táng	左上包	10	1755	卧	wò	左右	8
1720	淌	tǎng	左右	11	1756	污	wū	左右	6
1721	烫	tàng	上下	10	1757	伍	wǔ	左右	6
1722	趟	tàng	左下包	15	1758	捂	wǔ	左右	10
1723	涛	tāo	左右	10	1759	舞	wǔ	上下	14
1724	桃	táo	左右	10	1760	务	wù	上下	5
1725	萄	táo	上下	11	1761	悉	xī	上下	11
1726	腾	téng	左右	13	1762	惜	xī	左右	11
1727	替	tì	上下	12	1763	稀	xī	左右	12
1728	添	tiān	左右	11	1764	溪	xī	左右	13
1729	舔	tiǎn	左右	14	1765	膝	xī	左右	15
1730	贴	tiē	左右	9	1766	席	xí	左上包	10
1731	亭	tíng	上下	9	1767	隙	xì	左右	12
1732	庭	tíng	左上包	9	1768	狭	xiá	左右	9
1733	蜓	tíng	左右	12	1769	霞	xiá	上下	17
1734	统	tǒng	左右	9	1770	仙	xiān	左右	5
1735	捅	tǒng	左右	10	1771	掀	xiān	左右	11
1736	筒	tǒng	上下	12	1772	闲	xián	上三包	7
1737	偷	tōu	左右	11	1773	显	xiǎn	上下	9
1738	投	tóu	左右	7	1774	陷	xiàn	左右	10
1739	徒	tú	左右	10	1775	馅	xiàn	左右	11
1740	途	tú	左下包	10	1776	羡	xiàn	上下	12
1741	团	tuán	全包	6	1777	厢	xiāng	左上包	11
1742	推	tuī	左右	11	1778	翔	xiáng	左右	12
1743	唾	tuò	左右	11	1779	橡	xiàng	左右	15
1744	瓦	wǎ	独体	4	1780	晓	xiǎo	左右	10
1745	湾	wān	左右	12	1781	胁	xié	左右	8
1746	顽	wán	左右	10	1782	欣	xīn	左右	8
1747	碗	wǎn	左右	13	1783	醒	xǐng	左右	16
1748	望	wàng	上下	11	1784	杏	xìng	上下	7
1749	威	wēi	上三包	9	1785	凶	xiōng	下三包	4

ID	汉字	拼音	结构	笔画	ID	汉字	拼音	结构	笔画
1786	胸	xiōng	左右	10	1822	引	yǐn	左右	4
1787	雄	xióng	左右	12	1823	隐	yǐn	左右	11
1788	熊	xióng	上下	14	1824	英	yīng	上下	8
1789	修	xiū	左右	9	1825	鹰	yīng	左上包	18
1790	羞	xiū	左上包	10	1826	赢	yíng	上中下	17
1791	秀	xiù	上下	7	1827	映	yìng	左右	9
1792	须	xū	左右	9	1828	尤	yóu	独体	4
1793	需	xū	上下	14	1829	犹	yóu	左右	7
1794	序	xù	左上包	7	1830	诱	yòu	左右	9
1795	宣	xuān	上下	9	1831	余	yú	上下	7
1796	旋	xuán/xuàn	左右	11	1832	渔	yú	左右	11
1797	寻	xún	上下	6	1833	宇	yǔ	上下	6
1798	训	xùn	左右	5	1834	豫	yù	左右	15
1799	迅	xùn	左下包	6	1835	圆	yuán	全包	10
1800	哑	yǎ	左右	9	1836	愿	yuàn	左上包	14
1801	讶	yà	左右	6	1837	约	yuē	左右	6
1802	淹	yān	左右	11	1838	悦	yuè	左右	10
1803	严	yán	独体	7	1839	跃	yuè	左右	11
1804	岩	yán	上下	8	1840	越	yuè	左下包	12
1805	炎	yán	上下	8	1841	晕	yūn/yùn	上下	10
1806	沿	yán	左右	8	1842	杂	zá	上下	6
1807	验	yàn	左右	10	1843	灾	zāi	上下	7
1808	央	yāng	独体	5	1844	栽	zāi	右上包	10
1809	杨	yáng	左右	7	1845	暂	zàn	上下	12
1810	仰	yǎng	左右	6	1846	赞	zàn	上下	16
1811	氧	yǎng	右上包	10	1847	遭	zāo	左下包	14
1812	妖	yāo	左右	7	1848	糟	zāo	左右	17
1813	邀	yāo	左下包	16	1849	燥	zào	左右	17
1814	遥	yáo	左下包	13	1850	则	zé	左右	6
1815	移	yí	左右	11	1851	责	zé	上下	8
1816	疑	yí	左右	14	1852	择	zé	左右	8
1817	亿	yì	左右	3	1853	增	zēng	左右	15
1818	义	yì	独体	3	1854	榨	zhà	左右	14
1819	忆	yì	左右	4	1855	沾	zhān	左右	8
1820	异	yì	上下	6	1856	盏	zhǎn	上下	10
1821	荫	yīn	上下	9	1857	展	zhǎn	左上包	10

ID	汉字	拼音	结构	笔画	ID	汉字	拼音	结构	笔画
1858	崭	zhǎn	上下	11	1894	综	zōng	左右	11
1859	占	zhàn	上下	5	1895	踪	zōng	左右	15
1860	战	zhàn	左右	9	1896	奏	zòu	上下	9
1861	掌	zhǎng	上中下	12	1897	族	zú	左右	11
1862	丈	zhàng	独体	3	1898	醉	zuì	左右	15
1863	帐	zhàng	左右	7	1899	尊	zūn	上下	12
1864	遮	zhē	左下包	14	1900	遵	zūn	左下包	15
1865	珍	zhēn	左右	9			**4级**		
1866	震	zhèn	上下	15					
1867	镇	zhèn	左右	15	1901	哀	āi	上中下	9
1868	政	zhèng	左右	9	1902	碍	ài	左右	13
1869	挣	zhèng/zhēng	左右	9	1903	昂	áng	上下	8
1870	证	zhèng	左右	7	1904	熬	āo/áo	上下	14
1871	之	zhī	独体	3	1905	奥	ào	上下	12
1872	肢	zhī	左右	8	1906	罢	bà	上下	10
1873	织	zhī	左右	8	1907	柏	bǎi	左右	9
1874	止	zhǐ	独体	4	1908	颁	bān	左右	10
1875	至	zhì	上下	6	1909	版	bǎn	左右	8
1876	志	zhì	上下	7	1910	榜	bǎng	左右	14
1877	制	zhì	左右	8	1911	堡	bǎo	上下	12
1878	质	zhì	左上包	8	1912	豹	bào	左右	10
1879	致	zhì	左右	10	1913	悲	bēi	上下	12
1880	智	zhì	上下	12	1914	碑	bēi	左右	13
1881	置	zhì	上下	13	1915	倍	bèi	左右	10
1882	洲	zhōu	左右	9	1916	辈	bèi	上下	12
1883	粥	zhōu	左中右	12	1917	彼	bǐ	左右	8
1884	宙	zhòu	上下	8	1918	毕	bì	上下	6
1885	皱	zhòu	左右	10	1919	辨	biàn	左中右	16
1886	逐	zhú	左下包	10	1920	辩	biàn	左中右	16
1887	柱	zhù	左右	9	1921	滨	bīn	左右	13
1888	著	zhù	上下	11	1922	搏	bó	左右	13
1889	筑	zhù	上下	12	1923	怖	bù	左右	8
1890	妆	zhuāng	左右	6	1924	蚕	cán	上下	10
1891	撞	zhuàng	左右	15	1925	惨	cǎn	左右	11
1892	滋	zī	左右	12	1926	曾	céng/zēng	上中下	12
1893	仔	zǐ/zǎi	左右	5	1927	柴	chái	上下	10

ID	汉字	拼音	结构	笔画	ID	汉字	拼音	结构	笔画
1928	颤	chàn/zhàn	左右	19	1964	锻	duàn	左右	14
1929	偿	cháng	左右	11	1965	吨	dūn	左右	7
1930	彻	chè	左右	7	1966	盾	dùn	左上包	9
1931	呈	chéng	上下	7	1967	惰	duò	左右	12
1932	痴	chī	左上包	13	1968	额	é	左右	15
1933	驰	chí	左右	6	1969	恩	ēn	上下	10
1934	耻	chǐ	左右	10	1970	尔	ěr	上下	5
1935	斥	chì	独体	5	1971	伐	fá	左右	6
1936	崇	chóng	上下	11	1972	凡	fán	独体	3
1937	仇	chóu	左右	4	1973	返	fǎn	左下包	7
1938	础	chǔ	左右	10	1974	泛	fàn	左右	7
1939	储	chǔ	左右	12	1975	妨	fáng	左右	7
1940	闯	chuǎng	上三包	6	1976	访	fǎng	左右	6
1941	垂	chuí	独体	8	1977	纺	fǎng	左右	7
1942	蠢	chǔn	上下	21	1978	匪	fěi	左三包	10
1943	辞	cí	左右	13	1979	肺	fèi	左右	8
1944	慈	cí	上下	13	1980	沸	fèi	左右	8
1945	凑	còu	左右	11	1981	氛	fēn	右上包	8
1946	促	cù	左右	9	1982	愤	fèn	左右	12
1947	寸	cùn	独体	3	1983	疯	fēng	左上包	9
1948	措	cuò	左右	11	1984	锋	fēng	左右	12
1949	歹	dǎi	独体	4	1985	逢	féng	左下包	10
1950	丹	dān	独体	4	1986	凤	fèng	上三包	4
1951	叨	dāo	左右	5	1987	奉	fèng	上下	8
1952	捣	dǎo	左右	10	1988	佛	fú/fó	左右	7
1953	盗	dào	上下	11	1989	辐	fú	左右	13
1954	稻	dào	左右	15	1990	抚	fǔ	左右	7
1955	德	dé	左右	15	1991	府	fǔ	左上包	8
1956	帝	dì	上下	9	1992	俯	fǔ	左右	10
1957	颠	diān	左右	16	1993	妇	fù	左右	6
1958	刁	diāo	独体	2	1994	傅	fù	左右	12
1959	爹	diē	上下	10	1995	腹	fù	左右	13
1960	董	dǒng	上下	12	1996	覆	fù	上下	18
1961	毒	dú	上下	9	1997	尬	gà	左下包	7
1962	赌	dǔ	左右	12	1998	肝	gān	左右	7
1963	妒	dù	左右	7	1999	尴	gān	左下包	13

ID	汉字	拼音	结构	笔画	ID	汉字	拼音	结构	笔画
2000	冈	gāng	上三包	4	2036	婚	hūn	左右	11
2001	岗	gǎng	上下	7	2037	浑	hún	左右	9
2002	杠	gàng	左右	7	2038	魂	hún	左右	13
2003	搞	gǎo	左右	13	2039	祸	huò	左右	11
2004	稿	gǎo	左右	15	2040	惑	huò	上下	12
2005	革	gé	独体	9	2041	击	jī	独体	5
2006	耕	gēng	左右	10	2042	肌	jī	左右	6
2007	供	gōng/gòng	左右	8	2043	嫉	jí	左右	13
2008	拱	gǒng	左右	9	2044	技	jì	左右	7
2009	贡	gòng	上下	7	2045	忌	jì	上下	7
2010	苟	gǒu	上下	8	2046	剂	jì	左右	8
2011	构	gòu	左右	8	2047	济	jì/jǐ	左右	9
2012	估	gū	左右	7	2048	寂	jì	上下	11
2013	菇	gū	上下	11	2049	佳	jiā	左右	8
2014	官	guān	上下	8	2050	监	jiān/jiàn	上下	10
2015	贯	guàn	上下	8	2051	俭	jiǎn	左右	9
2016	诡	guǐ	左右	8	2052	荐	jiàn	上下	9
2017	桂	guì	左右	10	2053	舰	jiàn	左右	10
2018	豪	háo	上下	14	2054	践	jiàn	左右	12
2019	痕	hén	左上包	11	2055	键	jiàn	左右	13
2020	恨	hèn	左右	9	2056	匠	jiàng	左三包	6
2021	衡	héng	左中右	16	2057	焦	jiāo	上下	12
2022	烘	hōng	左右	10	2058	矫	jiǎo/jiáo	左右	11
2023	喉	hóu	左右	12	2059	搅	jiǎo	左右	12
2024	吼	hǒu	左右	7	2060	揭	jiē	左右	12
2025	缓	huǎn	左右	12	2061	劫	jié	左右	7
2026	患	huàn	上下	11	2062	捷	jié	左右	11
2027	荒	huāng	上下	9	2063	截	jié	右上包	14
2028	皇	huáng	上下	9	2064	浸	jìn	左右	10
2029	煌	huáng	左右	13	2065	纠	jiū	左右	5
2030	恍	huǎng	左右	9	2066	疚	jiù	左上包	8
2031	毁	huǐ	左右	13	2067	拒	jù	左右	7
2032	汇	huì	左右	5	2068	俱	jù	左右	10
2033	绘	huì	左右	9	2069	距	jù	左右	11
2034	惠	huì	上下	12	2070	惧	jù	左右	11
2035	慧	huì	上下	15	2071	锯	jù	左右	13

ID	汉字	拼音	结构	笔画	ID	汉字	拼音	结构	笔画
2072	捐	juān	左右	10	2107	眠	mián	左右	10
2073	均	jūn	左右	7	2108	敏	mǐn	左右	11
2074	君	jūn	左上包	7	2109	膜	mó	左右	14
2075	俊	jùn	左右	9	2110	蘑	mó	上下	19
2076	凯	kǎi	左右	8	2111	莫	mò	上中下	10
2077	刊	kān	左右	5	2112	寞	mò	上下	13
2078	堪	kān	左右	12	2113	墨	mò	上下	15
2079	恳	kěn	上下	10	2114	亩	mǔ	上下	7
2080	款	kuǎn	左右	12	2115	拇	mǔ	左右	8
2081	框	kuàng	左右	10	2116	牧	mù	左右	8
2082	眶	kuàng	左右	11	2117	乃	nǎi	独体	2
2083	赖	lài	左右	13	2118	奈	nài	上下	8
2084	兰	lán	上下	5	2119	培	péi	左右	11
2085	勒	lēi/lè	左右	11	2120	佩	pèi	左右	8
2086	黎	lí	上中下	15	2121	配	pèi	左右	10
2087	恋	liàn	上下	10	2122	凭	píng	上下	8
2088	链	liàn	左右	12	2123	泊	pō/bó	左右	8
2089	梁	liáng	上下	11	2124	迫	pò	左下包	8
2090	辽	liáo	左下包	5	2125	魄	pò	左右	14
2091	疗	liáo	左上包	7	2126	朴	pǔ	左右	6
2092	咙	lóng	左右	8	2127	谱	pǔ	左右	14
2093	聋	lóng	上下	11	2128	妻	qī	上下	8
2094	缕	lǚ	左右	12	2129	漆	qī	左右	14
2095	略	lüè	左右	11	2130	岂	qǐ	上下	6
2096	逻	luó	左下包	11	2131	泣	qì	左右	8
2097	迈	mài	左下包	6	2132	迁	qiān	左下包	6
2098	脉	mài/mò	左右	9	2133	潜	qián	左右	15
2099	瞒	mán	左右	15	2134	腔	qiāng	左右	12
2100	盲	máng	上下	8	2135	窃	qiè	上下	9
2101	矛	máo	独体	5	2136	侵	qīn	左右	9
2102	茅	máo	上下	8	2137	禽	qín	上下	12
2103	枚	méi	左右	8	2138	丘	qiū	独体	5
2104	煤	méi	左右	13	2139	囚	qiú	全包	5
2105	蒙	méng/mēng/měng	上下	13	2140	驱	qū	左右	7
					2141	渠	qú	上下	11
2106	觅	mì	上下	8	2142	仁	rén	左右	4

ID	汉字	拼音	结构	笔画	ID	汉字	拼音	结构	笔画
2143	荣	róng	上下	9	2179	啼	tí	左右	12
2144	乳	rǔ	左右	8	2180	蹄	tí	左右	16
2145	辱	rǔ	上下	10	2181	秃	tū	上下	7
2146	润	rùn	左右	10	2182	腕	wàn	左右	12
2147	若	ruò	上下	8	2183	违	wéi	左下包	7
2148	桑	sāng	上下	10	2184	唯	wéi	左右	11
2149	丧	sàng/sāng	上下	8	2185	维	wéi	左右	11
2150	傻	shǎ	左右	13	2186	畏	wèi	上下	9
2151	申	shēn	独体	5	2187	谓	wèi	左右	11
2152	审	shěn	上下	8	2188	慰	wèi	上下	15
2153	甚	shèn	上下	9	2189	沃	wò	左右	7
2154	牲	shēng	左右	9	2190	侮	wǔ	左右	9
2155	誓	shì	上下	14	2191	悟	wù	左右	10
2156	寿	shòu	左上包	7	2192	牺	xī	左右	10
2157	授	shòu	左右	11	2193	晰	xī	左右	12
2158	殊	shū	左右	10	2194	熄	xī	左右	14
2159	薯	shǔ	上下	16	2195	袭	xí	上下	11
2160	述	shù	左下包	8	2196	峡	xiá	左右	9
2161	率	shuài/lǜ	上中下	11	2197	衔	xián	左中右	11
2162	瞬	shùn	左右	17	2198	嫌	xián	左右	13
2163	饲	sì	左右	8	2199	县	xiàn	上下	7
2164	搜	sōu	左右	12	2200	限	xiàn	左右	8
2165	苏	sū	上下	7	2201	献	xiàn	左右	13
2166	俗	sú	左右	9	2202	详	xiáng	左右	8
2167	肃	sù	独体	8	2203	祥	xiáng	左右	10
2168	素	sù	上下	10	2204	享	xiǎng	上中下	8
2169	损	sǔn	左右	10	2205	宵	xiāo	上下	10
2170	笋	sǔn	上下	10	2206	销	xiāo	左右	12
2171	塌	tā	左右	13	2207	孝	xiào	左上包	7
2172	汰	tài	左右	7	2208	肖	xiào	上下	7
2173	毯	tǎn	左下包	12	2209	效	xiào	左右	10
2174	炭	tàn	上下	9	2210	协	xié	左右	6
2175	探	tàn	左右	11	2211	谐	xié	左右	11
2176	滔	tāo	左右	13	2212	泄	xiè	左右	8
2177	陶	táo	左右	10	2213	械	xiè	左右	11
2178	剔	tī	左右	10	2214	型	xíng	上下	9

ID	汉字	拼音	结构	笔画	ID	汉字	拼音	结构	笔画
2215	性	xìng	左右	8	2251	予	yǔ	独体	4
2216	绣	xiù	左右	10	2252	郁	yù	左右	8
2217	絮	xù	上下	12	2253	域	yù	左右	11
2218	悬	xuán	上下	11	2254	欲	yù	左右	11
2219	巡	xún	左下包	6	2255	喻	yù	左右	12
2220	循	xún	左右	12	2256	寓	yù	上下	12
2221	讯	xùn	左右	5	2257	裕	yù	左右	12
2222	丫	yā	独体	3	2258	援	yuán	左右	12
2223	崖	yá	上下	11	2259	缘	yuán	左右	12
2224	涯	yá	左右	11	2260	源	yuán	左右	13
2225	延	yán	左下包	6	2261	匀	yún	右上包	4
2226	研	yán	左右	9	2262	允	yǔn	上下	4
2227	檐	yán	左右	17	2263	宰	zǎi	上下	10
2228	宴	yàn	上中下	10	2264	载	zài/zǎi	右上包	10
2229	雁	yàn	左上包	12	2265	泽	zé	左右	8
2230	焰	yàn	左右	12	2266	贼	zéi	左右	10
2231	漾	yàng	左右	14	2267	赠	zèng	左右	16
2232	谣	yáo	左右	12	2268	渣	zhā	左右	12
2233	窅	yǎo	上下	10	2269	宅	zhái	上下	6
2234	耀	yào	左右	20	2270	绽	zhàn	左右	11
2235	液	yè	左右	11	2271	章	zhāng	上中下	11
2236	依	yī	左右	8	2272	涨	zhǎng/zhàng	左右	10
2237	倚	yǐ	左右	10	2273	账	zhàng	左右	8
2238	艺	yì	上下	4	2274	胀	zhàng	左右	8
2239	译	yì	左右	7	2275	障	zhàng	左右	13
2240	益	yì	上下	10	2276	召	zhào	上下	5
2241	谊	yì	左右	10	2277	罩	zhào	上下	13
2242	翼	yì	上下	17	2278	诊	zhěn	左右	7
2243	瘾	yǐn	左上包	16	2279	振	zhèn	左右	10
2244	婴	yīng	上下	11	2280	征	zhēng	左右	8
2245	盈	yíng	上下	9	2281	执	zhí	左右	6
2246	涌	yǒng	左右	10	2282	殖	zhí	左右	12
2247	幽	yōu	下三包	9	2283	稚	zhì	左右	13
2248	娱	yú	左右	10	2284	忠	zhōng	上下	8
2249	愚	yú	上下	13	2285	肿	zhǒng	左右	8
2250	与	yǔ	独体	3	2286	骤	zhòu	左右	17

ID	汉字	拼音	结构	笔画	ID	汉字	拼音	结构	笔画
2287	株	zhū	左右	10	2321	绸	chóu	左右	11
2288	嘱	zhǔ	左右	15	2322	酬	chóu	左右	13
2289	蛀	zhù	左右	11	2323	稠	chóu	左右	13
2290	砖	zhuān	左右	9	2324	锄	chú	左右	12
2291	赚	zhuàn	左右	14	2325	畜	chù/xù	上下	10
2292	坠	zhuì	上下	7	2326	疮	chuāng	左上包	9
2293	缀	zhuì	左右	11	2327	炊	chuī	左右	8
2294	拙	zhuō	左右	8	2328	磁	cí	左右	14
2295	啄	zhuó	左右	11	2329	赐	cì	左右	12
2296	资	zī	上下	10	2330	窜	cuàn	上下	12
2297	棕	zōng	左右	12	2331	摧	cuī	左右	14
2298	纵	zòng	左右	7	2332	挫	cuò	左右	10
2299	阻	zǔ	左右	7	2333	党	dǎng	上下	10
2300	罪	zuì	上下	13	2334	档	dàng	左右	10
					2335	堤	dī	左右	12

5级

ID	汉字	拼音	结构	笔画	ID	汉字	拼音	结构	笔画
					2336	抵	dǐ	左右	8
2301	癌	ái	左上包	17	2337	殿	diàn	左右	13
2302	蔼	ǎi	上下	14	2338	雕	diāo	左右	16
2303	黯	àn	左右	21	2339	督	dū	上下	13
2304	坝	bà	左右	7	2340	睹	dǔ	左右	13
2305	霸	bà	上下	21	2341	杜	dù	左右	7
2306	磅	bàng/páng	左右	15	2342	渡	dù	左右	12
2307	卑	bēi	上下	8	2343	乏	fá	上下	4
2308	惫	bèi	上下	12	2344	坊	fāng/fáng	左右	7
2309	崩	bēng	上下	11	2345	肪	fáng	左右	8
2310	绷	bēng/běng	左右	11	2346	坟	fén	左右	7
2311	蔽	bì	上下	14	2347	焚	fén	上下	12
2312	柄	bǐng	左右	9	2348	讽	fěng	左右	6
2313	驳	bó	左右	7	2349	俘	fú	左右	9
2314	舱	cāng	左右	10	2350	赴	fù	左下包	9
2315	槽	cáo	左右	15	2351	溉	gài	左右	12
2316	策	cè	上下	12	2352	纲	gāng	左右	7
2317	畅	chàng	左右	8	2353	搁	gē	左右	12
2318	倡	chàng	左右	10	2354	阁	gé	上三包	9
2319	撤	chè	左右	15	2355	巩	gǒng	左右	6
2320	辰	chén	左上包	7	2356	辜	gū	上下	12

ID	汉字	拼音	结构	笔画	ID	汉字	拼音	结构	笔画
2357	雇	gù	左上包	12	2393	溃	kuì	左右	12
2358	灌	guàn	左右	20	2394	廓	kuò	左上包	13
2359	裹	guǒ	上中下	14	2395	揽	lǎn	左右	12
2360	浩	hào	左右	10	2396	滥	làn	左右	13
2361	恒	héng	左右	9	2397	唠	láo	左右	10
2362	宏	hóng	上下	7	2398	垒	lěi	上下	9
2363	徊	huái	左右	9	2399	隶	lì	独体	8
2364	讥	jī	左右	4	2400	栗	lì	上下	10
2365	籍	jí	上下	20	2401	缭	liáo	左右	15
2366	脊	jǐ	上下	10	2402	劣	liè	上下	6
2367	颊	jiá	左右	12	2403	伶	líng	左右	7
2368	嫁	jià	左右	13	2404	陵	líng	左右	10
2369	奸	jiān	左右	6	2405	拢	lǒng	左右	8
2370	艰	jiān	左右	8	2406	陋	lòu	左右	8
2371	兼	jiān	独体	10	2407	芦	lú	上下	7
2372	茧	jiǎn	上下	9	2408	鲁	lǔ	上下	12
2373	贱	jiàn	左右	9	2409	侣	lǚ	左右	8
2374	鉴	jiàn	上下	13	2410	屡	lǚ	左上包	12
2375	娇	jiāo	左右	9	2411	掠	lüè	左右	11
2376	嚼	jiáo/jué	左右	20	2412	罗	luó	上下	8
2377	皆	jiē	上下	9	2413	锣	luó	左右	13
2378	竭	jié	左右	14	2414	裸	luǒ	左右	13
2379	届	jiè	左上包	8	2415	蛮	mán	上下	12
2380	津	jīn	左右	9	2416	媒	méi	左右	12
2381	锦	jǐn	左右	13	2417	霉	méi	上下	15
2382	谨	jǐn	左右	13	2418	萌	méng	上下	11
2383	拘	jū	左右	8	2419	盟	méng	上下	13
2384	沮	jǔ	左右	8	2420	勉	miǎn	左下包	9
2385	矩	jǔ/ju	左右	9	2421	渺	miǎo	左右	12
2386	诀	jué	左右	6	2422	庙	miào	左上包	8
2387	倔	jué/juè	左右	10	2423	蔑	miè	上中下	14
2388	掘	jué	左右	11	2424	铭	míng	左右	11
2389	慨	kǎi	左右	12	2425	谋	móu	左右	11
2390	慷	kāng	左右	14	2426	某	mǒu	上下	9
2391	垮	kuǎ	左右	9	2427	沐	mù	左右	7
2392	旷	kuàng	左右	7	2428	墓	mù	上下	13

ID	汉字	拼音	结构	笔画	ID	汉字	拼音	结构	笔画
2429	睦	mù	左右	13	2465	壤	rǎng	左右	20
2430	暮	mù	上下	14	2466	惹	rě	上下	12
2431	呐	nà	左右	7	2467	刃	rèn	独体	3
2432	纳	nà	左右	7	2468	韧	rèn	左右	7
2433	囊	nāng/náng	上中下	22	2469	溶	róng	左右	13
2434	挠	náo	左右	9	2470	瑞	ruì	左右	13
2435	尼	ní	左上包	5	2471	嫂	sǎo	左右	12
2436	拟	nǐ	左右	7	2472	涩	sè	左右	10
2437	逆	nì	左下包	9	2473	呻	shēn	左右	8
2438	腻	nì	左右	13	2474	绅	shēn	左右	8
2439	酿	niàng	左右	14	2475	渗	shèn	左右	11
2440	凝	níng	左右	16	2476	施	shī	左右	9
2441	奴	nú	左右	5	2477	蚀	shí	左右	9
2442	挪	nuó	左右	9	2478	侍	shì	左右	8
2443	诺	nuò	左右	10	2479	拭	shì	左右	9
2444	徘	pái	左右	11	2480	逝	shì	左下包	10
2445	攀	pān	上下	19	2481	抒	shū	左右	7
2446	叛	pàn	左右	9	2482	疏	shū	左右	12
2447	棚	péng	左右	12	2483	恕	shù	上下	10
2448	蓬	péng	上下	13	2484	衰	shuāi	上中下	10
2449	膨	péng	左右	16	2485	税	shuì	左右	12
2450	辟	pì	左右	13	2486	肆	sì	左右	13
2451	僻	pì	左右	15	2487	颂	sòng	左右	10
2452	撇	piě/piē	左右	14	2488	遂	suì	左下包	12
2453	萍	píng	上下	11	2489	穗	suì	左右	17
2454	仆	pú/pū	左右	4	2490	膛	táng	左右	15
2455	凄	qī	左右	10	2491	惕	tì	左右	11
2456	戚	qī	左上包	11	2492	帖	tiě/tiè	左右	8
2457	歧	qí	左右	8	2493	艇	tǐng	左右	12
2458	乔	qiáo	上下	6	2494	铜	tóng	左右	11
2459	俏	qiào	左右	9	2495	屠	tú	左上包	11
2460	怯	qiè	左右	8	2496	妥	tuǒ	上下	7
2461	寝	qǐn	上下	13	2497	拓	tuò	左右	8
2462	顷	qǐng	左右	8	2498	挽	wǎn	左右	10
2463	躯	qū	左右	11	2499	惋	wǎn	左右	11
2464	券	quàn	上下	8	2500	妄	wàng	上下	6

ID	汉字	拼音	结构	笔画	ID	汉字	拼音	结构	笔画
2501	旺	wàng	左右	8	2537	绪	xù	左右	11
2502	惟	wéi	左右	11	2538	蓄	xù	上下	13
2503	伪	wěi	左右	6	2539	喧	xuān	左右	12
2504	苇	wěi	上下	7	2540	炫	xuàn	左右	9
2505	萎	wěi	上下	11	2541	绚	xuàn	左右	9
2506	吻	wěn	左右	7	2542	询	xún	左右	8
2507	巫	wū	其他	7	2543	逊	xùn	左下包	9
2508	勿	wù	独体	4	2544	押	yā	左右	8
2509	昔	xī	上下	8	2545	雅	yǎ	左右	12
2510	析	xī	左右	8	2546	掩	yǎn	左右	11
2511	侠	xiá	左右	8	2547	秧	yāng	左右	10
2512	暇	xiá	左右	13	2548	冶	yě	左右	7
2513	纤	xiān/qiàn	左右	6	2549	伊	yī	左右	6
2514	贤	xián	上下	8	2550	仪	yí	左右	5
2515	弦	xián	左右	8	2551	怡	yí	左右	8
2516	巷	xiàng	上下	9	2552	遗	yí	左下包	12
2517	潇	xiāo	左右	14	2553	亦	yì	独体	6
2518	嚣	xiāo	上中下	18	2554	抑	yì	左右	7
2519	哮	xiào	左右	10	2555	疫	yì	左上包	9
2520	啸	xiào	左右	11	2556	逸	yì	左下包	11
2521	邪	xié	左右	6	2557	溢	yì	左右	13
2522	携	xié	左右	13	2558	毅	yì	左右	15
2523	泻	xiè	左右	8	2559	吟	yín	左右	7
2524	卸	xiè	左右	9	2560	颖	yǐng	左右	13
2525	屑	xiè	左上包	10	2561	咏	yǒng	左右	8
2526	懈	xiè	左右	16	2562	悠	yōu	上下	11
2527	薪	xīn	上下	16	2563	佑	yòu	左右	7
2528	馨	xīn	上下	20	2564	淤	yū	左右	11
2529	腥	xīng	左右	13	2565	狱	yù	左中右	9
2530	刑	xíng	左右	6	2566	御	yù	左右	12
2531	汹	xiōng	左右	7	2567	愈	yù	上下	13
2532	朽	xiǔ	左右	6	2568	誉	yù	上下	13
2533	锈	xiù	左右	12	2569	冤	yuān	上下	10
2534	墟	xū	左右	14	2570	渊	yuān	左右	11
2535	徐	xú	左右	10	2571	怨	yuàn	上下	9
2536	叙	xù	左右	9	2572	孕	yùn	上下	5

ID	汉字	拼音	结构	笔画	ID	汉字	拼音	结构	笔画
2573	韵	yùn	左右	13	2607	褒	bāo	上中下	15
2574	蕴	yùn	上下	15	2608	雹	báo	上下	13
2575	葬	zàng	上中下	12	2609	曝	bào	左右	19
2576	躁	zào	左右	20	2610	悖	bèi	左右	10
2577	诈	zhà	左右	7	2611	匕	bǐ	独体	2
2578	寨	zhài	上中下	14	2612	鄙	bǐ	左右	13
2579	斩	zhǎn	左右	8	2613	庇	bì	左上包	7
2580	彰	zhāng	左右	14	2614	贬	biǎn	左右	8
2581	赵	zhào	左下包	9	2615	彬	bīn	左右	11
2582	哲	zhé	上下	10	2616	斌	bīn	左右	12
2583	侦	zhēn	左右	8	2617	丙	bǐng	独体	5
2584	拯	zhěng	左右	9	2618	秉	bǐng	独体	8
2585	郑	zhèng	左右	8	2619	禀	bǐng	上中下	13
2586	症	zhèng/zhēng	左上包	10	2620	勃	bó	左右	9
2587	脂	zhī	左右	10	2621	睬	cǎi	左右	13
2588	职	zhí	左右	11	2622	蹭	cèng	左右	19
2589	旨	zhǐ	上下	6	2623	岔	chà	上下	7
2590	秩	zhì	左右	10	2624	禅	chán/shàn	左右	12
2591	衷	zhōng	上中下	10	2625	阐	chǎn	上三包	11
2592	轴	zhóu	左右	9	2626	猖	chāng	左右	11
2593	咒	zhòu	上下	8	2627	澄	chéng/dèng	左右	15
2594	昼	zhòu	上下	9	2628	逞	chěng	左下包	10
2595	诸	zhū	左右	10	2629	筹	chóu	上下	13
2596	铸	zhù	左右	12	2630	雏	chú	左右	13
2597	幢	zhuàng	左右	15	2631	揣	chuāi/chuǎi	左右	12
2598	浊	zhuó	左右	9	2632	捶	chuí	左右	11
2599	宗	zōng	上下	8	2633	淳	chún	左右	11
2600	卒	zú	上中下	8	2634	醇	chún	左右	15

6级

ID	汉字	拼音	结构	笔画
2635	戳	chuō	左右	18
2636	祠	cí	左右	9
2601	隘	ài	左右	12
2637	瓷	cí	上下	10
2602	凹	āo	独体	5
2638	雌	cí	左右	14
2603	澳	ào	左右	15
2639	伺	cì/sì	左右	7
2604	跋	bá	左右	12
2640	悴	cuì	左右	11
2605	拌	bàn	左右	8
2641	粹	cuì	左右	14
2606	邦	bāng	左右	6
2642	贷	dài	上下	9

ID	汉字	拼音	结构	笔画	ID	汉字	拼音	结构	笔画
2643	怠	dài	上下	9	2679	憨	hān	上下	15
2644	祷	dǎo	左右	11	2680	函	hán	下三包	8
2645	悼	dào	左右	11	2681	涵	hán	左右	11
2646	蹬	dēng	左右	19	2682	罕	hǎn	上下	7
2647	缔	dì	左右	12	2683	捍	hàn	左右	10
2648	惦	diàn	左右	11	2684	悍	hàn	左右	10
2649	迭	dié	左下包	8	2685	憾	hàn	左右	16
2650	谍	dié	左右	11	2686	皓	hào	左右	12
2651	痘	dòu	左上包	12	2687	弘	hóng	左右	5
2652	兑	duì	上下	7	2688	鸿	hóng	左右	11
2653	敦	dūn	左右	12	2689	弧	hú	左右	8
2654	咄	duō	左右	8	2690	涣	huàn	左右	10
2655	舵	duò	左右	11	2691	痪	huàn	左上包	12
2656	堕	duò	上下	11	2692	惶	huáng	左右	12
2657	跺	duò	左右	13	2693	卉	huì	上下	5
2658	讹	é	左右	6	2694	讳	huì	左右	6
2659	俄	é	左右	9	2695	烩	huì	左右	9
2660	扼	è	左右	7	2696	贿	huì	左右	10
2661	遏	è	左下包	12	2697	晦	huì	左右	11
2662	噩	è	其他	16	2698	荤	hūn	上下	9
2663	饵	ěr	左右	9	2699	豁	huō/huò	左右	17
2664	阀	fá	上三包	9	2700	缉	jī	左右	12
2665	诽	fěi	左右	10	2701	稽	jī	左右	15
2666	忿	fèn	上下	8	2702	辑	jí	左右	13
2667	敷	fū	左右	15	2703	藉	jí/jiè	上下	17
2668	甫	fǔ	独体	7	2704	祭	jì	上下	11
2669	赋	fù	左右	12	2705	嘉	jiā	上中下	14
2670	庚	gēng	左上包	8	2706	歼	jiān	左右	7
2671	耿	gěng	左右	10	2707	僵	jiāng	左右	15
2672	梗	gěng	左右	11	2708	疆	jiāng	左右	19
2673	沽	gū	左右	8	2709	酱	jiàng	上下	13
2674	寡	guǎ	上下	14	2710	侥	jiǎo	左右	8
2675	闺	guī	上三包	9	2711	缴	jiǎo	左右	16
2676	癸	guǐ	上下	9	2712	酵	jiào	左右	14
2677	亥	hài	独体	6	2713	诫	jiè	左右	9
2678	酣	hān	左右	12	2714	襟	jīn	左右	18

ID	汉字	拼音	结构	笔画	ID	汉字	拼音	结构	笔画
2715	窘	jiǒng	上下	12	2751	骆	luò	左右	9
2716	臼	jiù	独体	6	2752	曼	màn	上中下	11
2717	眷	juàn	上下	11	2753	莽	mǎng	上中下	10
2718	崛	jué	左右	11	2754	卯	mǎo	左右	5
2719	钧	jūn	左右	9	2755	贸	mào	上下	9
2720	竣	jùn	左右	12	2756	昧	mèi	左右	9
2721	勘	kān	左右	11	2757	孟	mèng	上下	8
2722	亢	kàng	上下	4	2758	弥	mí	左右	8
2723	叩	kòu	左右	5	2759	皿	mǐn	独体	5
2724	窥	kuī	上下	13	2760	谬	miù	左右	13
2725	葵	kuí	上下	12	2761	摹	mó	上下	14
2726	馈	kuì	左右	12	2762	募	mù	上下	12
2727	喇	lǎ	左右	11	2763	馁	něi	左右	10
2728	婪	lán	上下	11	2764	匿	nì	左三包	10
2729	涝	lào	左右	10	2765	溺	nì	左右	13
2730	廉	lián	左上包	13	2766	狞	níng	左右	8
2731	敛	liǎn	左右	11	2767	柠	níng	左右	9
2732	寥	liáo	上下	14	2768	泞	nìng	左右	8
2733	嘹	liáo	左右	15	2769	虐	nüè	左上包	9
2734	拎	līn	左右	8	2770	糯	nuò	左右	20
2735	凛	lǐn	左右	15	2771	欧	ōu	左右	8
2736	赁	lìn	上下	10	2772	刨	páo/bào	左右	7
2737	躏	lìn	左右	21	2773	袍	páo	左右	10
2738	聆	líng	左右	11	2774	澎	péng	左右	15
2739	浏	liú	左右	9	2775	翩	piān	左右	15
2740	卤	lǔ	独体	7	2776	聘	pìn	左右	13
2741	赂	lù	左右	10	2777	剖	pōu	左右	10
2742	鹿	lù	左上包	11	2778	脯	pú	左右	11
2743	禄	lù	左右	12	2779	祈	qí	左右	8
2744	驴	lú	左右	7	2780	契	qì	上下	9
2745	履	lǚ	左上包	15	2781	洽	qià	左右	9
2746	滤	lù	左右	13	2782	遣	qiǎn	左下包	13
2747	峦	luán	上下	9	2783	憔	qiáo	左右	15
2748	伦	lún	左右	6	2784	窍	qiào	上下	10
2749	沦	lún	左右	7	2785	秦	qín	上下	10
2750	螺	luó	左右	17	2786	沁	qìn	左右	7

ID	汉字	拼音	结构	笔画	ID	汉字	拼音	结构	笔画
2787	岖	qū	左右	7	2824	溯	sù	左右	13
2788	趋	qū	左下包	12	2825	隧	suì	左右	14
2789	娶	qǔ	上下	11	2826	唆	suō	左右	10
2790	痊	quán	左上包	11	2827	琐	suǒ	左右	11
2791	雀	què	上下	11	2828	蹋	tà	左右	17
2792	鹊	què	左右	13	2829	泰	tài	上下	10
2793	壬	rén	独体	4	2830	瘫	tān	左上包	15
2794	戎	róng	右上包	6	2831	碳	tàn	左右	14
2795	熔	róng	左右	14	2832	誊	téng	上下	13
2796	冗	rǒng	上下	4	2833	迢	tiáo	左下包	8
2797	儒	rú	左右	16	2834	廷	tíng	左下包	6
2798	闰	rùn	上三包	7	2835	凸	tū	独体	5
2799	臊	sāo/sào	左右	17	2836	颓	tuí	左右	13
2800	瑟	sè	上下	13	2837	蜕	tuì	左右	13
2801	刹	shā/chà	左右	8	2838	褪	tuì	左右	14
2802	霎	shà	上下	16	2839	屯	tún	独体	4
2803	删	shān	左右	7	2840	驮	tuó	左右	6
2804	煽	shān	左右	14	2841	驼	tuó	左右	8
2805	擅	shàn	左右	16	2842	椭	tuǒ	左右	12
2806	赡	shàn	左右	17	2843	枉	wǎng	左右	8
2807	捎	shāo	左右	10	2844	偎	wēi	左右	11
2808	奢	shē	上下	11	2845	纬	wěi	左右	7
2809	涉	shè	左右	10	2846	尉	wèi	左右	11
2810	赦	shè	左右	11	2847	蔚	wèi	上下	14
2811	肾	shèn	上下	8	2848	瘟	wēn	左上包	14
2812	慎	shèn	左右	13	2849	紊	wěn	上下	10
2813	矢	shǐ	独体	5	2850	诬	wū	左右	9
2814	赎	shú	左右	12	2851	吾	wú	上下	7
2815	署	shǔ	上下	13	2852	戊	wù	独体	5
2816	曙	shǔ	左右	17	2853	熙	xī	上下	14
2817	漱	shù	左右	14	2854	徙	xǐ	左右	11
2818	涮	shuàn	左右	11	2855	匣	xiá	左三包	7
2819	吮	shǔn	左右	7	2856	辖	xiá	左右	14
2820	硕	shuò	左右	11	2857	宪	xiàn	上下	9
2821	巳	sì	独体	3	2858	腺	xiàn	左右	13
2822	祀	sì	左右	7	2859	萧	xiāo	上下	11
2823	耸	sǒng	上下	10	2860	硝	xiāo	左右	12

ID	汉字	拼音	结构	笔画	ID	汉字	拼音	结构	笔画
2861	霄	xiāo	上下	15	2896	咋	ză	左右	8
2862	淆	xiáo	左右	11	2897	赃	zāng	左右	10
2863	挟	xié	左右	9	2898	凿	záo	上下	12
2864	戌	xū	上三包	6	2899	枣	zăo	上下	8
2865	旭	xù	左下包	6	2900	灶	zào	左右	7
2866	恤	xù	左右	9	2901	噪	zào	左右	16
2867	酗	xù	左右	11	2902	憎	zēng	左右	15
2868	玄	xuán	上下	5	2903	闸	zhá	上三包	8
2869	渲	xuàn	左右	12	2904	乍	zhà	独体	5
2870	勋	xūn	左右	9	2905	债	zhài	左右	10
2871	熏	xūn	上下	14	2906	辗	zhăn	左右	14
2872	旬	xún	右上包	6	2907	昭	zhāo	左右	9
2873	汛	xùn	左右	6	2908	兆	zhào	左右	6
2874	殉	xùn	左右	10	2909	辙	zhé	左右	16
2875	衍	yăn	左中右	9	2910	贞	zhēn	上下	6
2876	谚	yàn	左右	11	2911	疹	zhěn	左上包	10
2877	尧	yáo	上下	6	2912	怔	zhēng	左右	8
2878	肴	yáo	上下	8	2913	狰	zhēng	左右	9
2879	贻	yí	左右	9	2914	蜘	zhī	左右	14
2880	矣	yǐ	上下	7	2915	侄	zhí	左右	8
2881	屹	yì	左右	6	2916	挚	zhì	上下	10
2882	役	yì	左右	7	2917	滞	zhì	左右	12
2883	寅	yín	上下	11	2918	仲	zhòng	左右	6
2884	樱	yīng	左右	15	2919	蛛	zhū	左右	12
2885	荧	yíng	上中下	9	2920	拄	zhǔ	左右	8
2886	佣	yōng	左右	7	2921	瞩	zhǔ	左右	17
2887	庸	yōng	左上包	11	2922	贮	zhù	左右	8
2888	踊	yǒng	左右	14	2923	驻	zhù	左右	8
2889	酉	yǒu	独体	7	2924	拽	zhuài	左右	9
2890	迂	yū	左下包	6	2925	撰	zhuàn	左右	15
2891	苑	yuàn	上下	8	2926	谆	zhūn	左右	10
2892	曰	yuē	独体	4	2927	茁	zhuó	上下	8
2893	岳	yuè	上下	8	2928	卓	zhuó	上下	8
2894	耘	yún	左右	10	2929	酌	zhuó	左右	10
2895	酝	yùn	左右	11	2930	琢	zuó/zhuó	左右	12

汉字书写分级字表

ID	汉字	拼音	结构	笔画	ID	汉字	拼音	结构	笔画
1级					32	车	chē	独体	4
					33	吃	chī	左右	6
1	阿	ā/ē	左右	7	34	池	chí	左右	6
2	啊	ā/á/ǎ/à/a	左右	10	35	尺	chǐ	独体	4
3	八	bā	独体	2	36	冲	chōng/chòng	左右	6
4	巴	bā	独体	4	37	虫	chóng	独体	6
5	把	bǎ/bà	左右	7	38	丑	chǒu	独体	4
6	吧	ba/bā	左右	7	39	出	chū	独体	5
7	白	bái	独体	5	40	处	chù/chǔ	左下包	5
8	办	bàn	独体	4	41	床	chuáng	左上包	7
9	半	bàn	独体	5	42	吹	chuī	左右	7
10	包	bāo	右上包	5	43	春	chūn	上下	9
11	宝	bǎo	上下	8	44	次	cì	左右	6
12	抱	bào	左右	8	45	从	cóng	左右	4
13	杯	bēi	左右	8	46	打	dǎ	左右	5
14	背	bēi/bèi	上下	9	47	大	dà/dài	独体	3
15	北	běi	左右	5	48	当	dāng/dàng	上下	6
16	贝	bèi	独体	4	49	刀	dāo	独体	2
17	本	běn	独体	5	50	道	dào	左下包	12
18	比	bǐ	左右	4	51	的	de/dī/dí/dì	左右	8
19	边	biān	左下包	5	52	灯	dēng	左右	6
20	变	biàn	上下	8	53	地	dì/de	左右	6
21	别	bié/biè	左右	7	54	弟	dì	独体	7
22	冰	bīng	左右	6	55	点	diǎn	上下	9
23	不	bù	独体	4	56	电	diàn	独体	5
24	布	bù	左上包	5	57	店	diàn	左上包	8
25	才	cái	独体	3	58	丁	dīng	独体	2
26	采	cǎi	上下	8	59	丢	diū	上下	6
27	菜	cài	上下	11	60	东	dōng	独体	5
28	草	cǎo	上下	9	61	动	dòng	左右	6
29	厂	chǎng	独体	2	62	洞	dòng	左右	9
30	唱	chàng	左右	11	63	斗	dòu/dǒu	独体	4
31	吵	chǎo	左右	7	64	读	dú	左右	10

ID	汉字	拼音	结构	笔画	ID	汉字	拼音	结构	笔画
65	肚	dù	左右	7	101	还	hái/huán	左下包	7
66	队	duì	左右	4	102	海	hǎi	左右	10
67	对	duì	左右	5	103	汉	hàn	左右	5
68	多	duō	上下	6	104	汗	hàn	左右	6
69	朵	duǒ	上下	6	105	行	háng/xíng	左右	6
70	儿	ér	独体	2	106	好	hǎo/hào	左右	6
71	二	èr	独体	2	107	号	hào/háo	上下	5
72	发	fā/fà	左上包	5	108	合	hé	上下	6
73	法	fǎ	左右	8	109	和	hé/huó/huò	左右	8
74	方	fāng	独体	4	110	河	hé	左右	8
75	房	fáng	左上包	8	111	红	hóng	左右	6
76	放	fàng	左右	8	112	后	hòu	左上包	6
77	飞	fēi	独体	3	113	呼	hū	左右	8
78	分	fēn/fèn	上下	4	114	忽	hū	上下	8
79	风	fēng	上三包	4	115	互	hù	独体	4
80	夫	fū/fú	独体	4	116	户	hù	独体	4
81	服	fú	左右	8	117	花	huā	上下	7
82	父	fù	独体	4	118	华	huá	上下	6
83	干	gān/gàn	独体	3	119	化	huà	左右	4
84	赶	gǎn	左下包	10	120	画	huà	下三包	8
85	告	gào	上下	7	121	话	huà	左右	8
86	个	gè	独体	3	122	坏	huài	左右	7
87	给	gěi/jǐ	左右	9	123	欢	huān	左右	6
88	工	gōng	独体	3	124	灰	huī	左上包	6
89	公	gōng	上下	4	125	回	huí	全包	6
90	姑	gū	左右	8	126	会	huì/kuài	上下	6
91	古	gǔ	上下	5	127	活	huó	左右	9
92	谷	gǔ	上下	7	128	火	huǒ	独体	4
93	故	gù	左右	9	129	机	jī	左右	6
94	关	guān	上下	6	130	级	jí	左右	6
95	光	guāng	上下	6	131	极	jí	左右	7
96	广	guǎng	独体	3	132	急	jí	上下	9
97	国	guó	全包	8	133	几	jǐ/jī	独体	2
98	果	guǒ	独体	8	134	己	jǐ	独体	3
99	过	guò/guo	左下包	6	135	记	jì	左右	5
100	哈	hā/hǎ	左右	9	136	加	jiā	左右	5

ID	汉字	拼音	结构	笔画	ID	汉字	拼音	结构	笔画
137	间	jiān/jiàn	上三包	7	173	连	lián	左下包	7
138	见	jiàn	独体	4	174	两	liǎng	独体	7
139	件	jiàn	左右	6	175	林	lín	左右	8
140	江	jiāng	左右	6	176	另	lìng	上下	5
141	讲	jiǎng	左右	6	177	六	liù	独体	4
142	交	jiāo	上下	6	178	龙	lóng	独体	5
143	叫	jiào	左右	5	179	乱	luàn	左右	7
144	节	jié	上下	5	180	妈	mā	左右	6
145	界	jiè	上下	9	181	马	mǎ	独体	3
146	巾	jīn	独体	3	182	吗	ma/má	左右	6
147	今	jīn	上下	4	183	买	mǎi	上下	6
148	金	jīn	上下	8	184	卖	mài	上下	8
149	进	jìn	左下包	7	185	忙	máng	左右	6
150	近	jìn	左下包	7	186	毛	máo	独体	4
151	井	jǐng	独体	4	187	么	me	独体	3
152	九	jiǔ	独体	2	188	没	méi/mò	左右	7
153	句	jù	右上包	5	189	每	měi	上下	7
154	卡	kǎ/qiǎ	独体	5	190	美	měi	上下	9
155	开	kāi	独体	4	191	门	mén	独体	3
156	看	kàn/kān	左上包	9	192	们	mén/men	左右	5
157	可	kě	右上包	5	193	米	mǐ	独体	6
158	空	kōng/kòng	上下	8	194	灭	miè	上下	5
159	口	kǒu	独体	3	195	名	míng	上下	6
160	苦	kǔ	上下	8	196	明	míng	左右	8
161	夸	kuā	上下	6	197	木	mù	独体	4
162	拉	lā	左右	8	198	目	mù	独体	5
163	来	lái	独体	7	199	哪	nǎ	左右	9
164	老	lǎo	左上包	6	200	男	nán	上下	7
165	乐	lè/yuè	独体	5	201	南	nán	上下	9
166	了	le/liǎo	独体	2	202	呢	ne	左右	8
167	泪	lèi	左右	8	203	你	nǐ	左右	7
168	冷	lěng	左右	7	204	年	nián	独体	6
169	里	lǐ	独体	7	205	您	nín	上下	11
170	力	lì	独体	2	206	牛	niú	独体	4
171	立	lì	独体	5	207	女	nǚ	独体	3
172	丽	lì	上下	7	208	怕	pà	左右	8

ID	汉字	拼音	结构	笔画	ID	汉字	拼音	结构	笔画
209	拍	pāi	左右	8	245	舌	shé	上下	6
210	排	pái	左右	11	246	身	shēn	独体	7
211	朋	péng	左右	8	247	什	shén	左右	4
212	皮	pí	左上包	5	248	生	shēng	独体	5
213	片	piàn/piān	独体	4	249	声	shēng	上下	7
214	七	qī	独体	2	250	十	shí	独体	2
215	期	qī	左右	12	251	石	shí	独体	5
216	其	qí	上下	8	252	时	shí	左右	7
217	奇	qí/jī	上下	8	253	识	shí	左右	7
218	起	qǐ	左下包	10	254	使	shǐ	左右	8
219	气	qì	独体	4	255	始	shǐ	左右	8
220	千	qiān	独体	3	256	世	shì	独体	5
221	切	qiē/qiè	左右	4	257	市	shì	上下	5
222	亲	qīn/qìng	上下	9	258	事	shì	独体	8
223	清	qīng	左右	11	259	是	shì	上下	9
224	情	qíng	左右	11	260	手	shǒu	独体	4
225	请	qǐng	左右	10	261	书	shū	独体	4
226	庆	qìng	左上包	6	262	术	shù	独体	5
227	秋	qiū	左右	9	263	树	shù	左右	9
228	求	qiú	独体	7	264	双	shuāng	左右	4
229	去	qù	上下	5	265	水	shuǐ	独体	4
230	全	quán	上下	6	266	死	sǐ	左上包	6
231	让	ràng	左右	5	267	四	sì	独体	5
232	人	rén	独体	2	268	岁	suì	上下	6
233	认	rèn	左右	4	269	所	suǒ	左右	8
234	日	rì	独体	4	270	他	tā	左右	5
235	肉	ròu	独体	6	271	它	tā	上下	5
236	如	rú	左右	6	272	她	tā	左右	6
237	三	sān	独体	3	273	台	tái	上下	5
238	扫	sǎo/sào	左右	6	274	太	tài	独体	4
239	色	sè	上下	6	275	体	tǐ	左右	7
240	沙	shā	左右	7	276	天	tiān	独体	4
241	山	shān	独体	3	277	田	tián	独体	5
242	闪	shǎn	上三包	5	278	听	tīng	左右	7
243	上	shàng	独体	3	279	同	tóng/tòng	上三包	6
244	少	shǎo/shào	独体	4	280	头	tóu/tou	独体	5

ID	汉字	拼音	结构	笔画	ID	汉字	拼音	结构	笔画
281	土	tǔ	独体	3	317	小	xiǎo	独体	3
282	吐	tù/tǔ	左右	6	318	校	xiào/jiào	左右	10
283	外	wài	左右	5	319	些	xiē	上下	8
284	完	wán	上下	7	320	写	xiě	上下	5
285	晚	wǎn	左右	11	321	心	xīn	独体	4
286	万	wàn	独体	3	322	新	xīn	左右	13
287	王	wáng	独体	4	323	信	xìn	左右	9
288	往	wǎng	左右	8	324	星	xīng	上下	9
289	忘	wàng	上下	7	325	兴	xìng/xīng	上下	6
290	尾	wěi	左上包	7	326	姓	xìng	左右	8
291	卫	wèi	独体	3	327	休	xiū	左右	6
292	为	wèi/wéi	独体	4	328	许	xǔ	左右	6
293	未	wèi	独体	5	329	学	xué	上下	8
294	位	wèi	左右	7	330	呀	yā/ya	左右	7
295	味	wèi	左右	8	331	眼	yǎn	左右	11
296	文	wén	独体	4	332	阳	yáng	左右	6
297	问	wèn	上三包	6	333	洋	yáng	左右	9
298	我	wǒ	独体	7	334	样	yàng	左右	10
299	屋	wū	左上包	9	335	咬	yǎo	左右	9
300	五	wǔ	独体	4	336	要	yào	上下	9
301	午	wǔ	独体	4	337	也	yě	独体	3
302	西	xī	独体	6	338	业	yè	独体	5
303	希	xī	上下	7	339	叶	yè	左右	5
304	息	xī	上下	10	340	页	yè	独体	6
305	习	xí	独体	3	341	一	yī	独体	1
306	系	xì/jì	上下	7	342	衣	yī	独体	6
307	细	xì	左右	8	343	已	yǐ	独体	3
308	下	xià	独体	3	344	以	yǐ	左右	4
309	吓	xià/hè	左右	6	345	因	yīn	全包	6
310	先	xiān	上下	6	346	音	yīn	上下	9
311	现	xiàn	左右	8	347	应	yīng/yìng	左上包	7
312	相	xiāng/xiàng	左右	9	348	用	yòng	独体	5
313	香	xiāng	上下	9	349	油	yóu	左右	8
314	响	xiǎng	左右	9	350	友	yǒu	左上包	4
315	想	xiǎng	上下	13	351	有	yǒu	左上包	6
316	向	xiàng	上三包	6	352	又	yòu	独体	2

ID	汉字	拼音	结构	笔画
353	右	yòu	左上包	5
354	幼	yòu	左右	5
355	于	yú	独体	3
356	鱼	yú	上下	8
357	羽	yǔ	左右	6
358	雨	yǔ	独体	8
359	元	yuán	上下	4
360	园	yuán	全包	7
361	原	yuán	左上包	10
362	远	yuǎn	左下包	7
363	月	yuè	独体	4
364	云	yún	独体	4
365	再	zài	独体	6
366	在	zài	左上包	6
367	早	zǎo	上下	6
368	怎	zěn	上下	9
369	张	zhāng	左右	7
370	找	zhǎo	左右	7
371	这	zhè	左下包	7
372	着	zhe/zháo/zhuó/zhāo	左上包	11
373	针	zhēn	左右	7
374	真	zhēn	上下	10
375	正	zhèng/zhēng	独体	5
376	支	zhī	上下	4
377	只	zhī/zhǐ	上下	5
378	知	zhī	左右	8
379	直	zhí	上下	8
380	中	zhōng/zhòng	独体	4
381	钟	zhōng	左右	9
382	种	zhǒng/zhòng	左右	9
383	朱	zhū	独体	6
384	主	zhǔ	独体	5
385	助	zhù	左右	7
386	住	zhù	左右	7
387	抓	zhuā	左右	7
388	桌	zhuō	上下	10
389	子	zǐ	独体	3
390	自	zì	独体	6
391	字	zì	上下	6
392	总	zǒng	上下	9
393	走	zǒu	上下	7
394	足	zú	上下	7
395	昨	zuó	左右	9
396	左	zuǒ	左上包	5
397	作	zuò	左右	7
398	坐	zuò	其他	7
399	座	zuò	左上包	10
400	做	zuò	左右	11

2级

ID	汉字	拼音	结构	笔画
401	哎	āi	左右	8
402	爱	ài	上中下	10
403	安	ān	上下	6
404	岸	àn	上下	8
405	按	àn	左右	9
406	案	àn	上下	10
407	暗	àn	左右	13
408	叭	bā	左右	5
409	百	bǎi	独体	6
410	败	bài	左右	8
411	板	bǎn	左右	8
412	扮	bàn	左右	7
413	伴	bàn	左右	7
414	帮	bāng	上下	9
415	保	bǎo	左右	9
416	报	bào	左右	7
417	备	bèi	上下	8
418	笔	bǐ	上下	10
419	必	bì	独体	5
420	闭	bì	上三包	6
421	便	biàn/pián	左右	9

ID	汉字	拼音	结构	笔画	ID	汉字	拼音	结构	笔画
422	标	biāo	左右	9	458	带	dài	上中下	9
423	表	biǎo	上下	8	459	单	dān	上下	8
424	并	bìng	上下	6	460	但	dàn	左右	7
425	伯	bó	左右	7	461	倒	dǎo/dào	左右	10
426	卜	bo/bǔ	独体	2	462	到	dào	左右	8
427	步	bù	上下	7	463	低	dī	左右	7
428	彩	cǎi	左右	11	464	敌	dí	左右	10
429	苍	cāng	上下	7	465	底	dǐ	左上包	8
430	册	cè	独体	5	466	典	diǎn	上下	8
431	层	céng	左上包	7	467	盯	dīng	左右	7
432	叉	chā/chà	独体	3	468	钉	dīng/dìng	左右	7
433	查	chá/zhā	上下	9	469	顶	dǐng	左右	8
434	差	chà/chā/chāi/cī	左上包	9	470	定	dìng	上下	8
435	长	cháng/zhǎng	独体	4	471	冬	dōng	上下	5
436	肠	cháng	左右	7	472	冻	dòng	左右	7
437	常	cháng	上下	11	473	都	dōu/dū	左右	10
438	场	chǎng/cháng	左右	6	474	抖	dǒu	左右	7
439	抄	chāo	左右	7	475	豆	dòu	上下	7
440	朝	cháo/zhāo	左右	12	476	而	ér	独体	6
441	尘	chén	上下	6	477	耳	ěr	独体	6
442	沉	chén	左右	7	478	烦	fán	左右	10
443	陈	chén	左右	7	479	反	fǎn	左上包	4
444	晨	chén	上下	11	480	饭	fàn	左右	7
445	成	chéng	上三包	6	481	范	fàn	上下	8
446	诚	chéng	左右	8	482	非	fēi	左右	8
447	城	chéng	左右	9	483	啡	fēi	左右	11
448	充	chōng	上下	6	484	肥	féi	左右	8
449	抽	chōu	左右	8	485	丰	fēng	独体	4
450	初	chū	左右	7	486	肤	fū	左右	8
451	川	chuān	独体	3	487	扶	fú	左右	7
452	穿	chuān	上下	9	488	负	fù	上下	6
453	传	chuán/zhuàn	左右	6	489	复	fù	上中下	9
454	串	chuàn	独体	7	490	该	gāi	左右	8
455	词	cí	左右	7	491	改	gǎi	左右	7
456	村	cūn	左右	7	492	感	gǎn	上下	13
457	答	dá/dā	上下	12	493	刚	gāng	左右	6

ID	汉字	拼音	结构	笔画	ID	汉字	拼音	结构	笔画
494	哥	gē	上下	10	530	季	jì	上下	8
495	格	gé	左右	10	531	夹	jiā/jiá	独体	6
496	各	gè	上下	6	532	甲	jiǎ	独体	5
497	更	gèng/gēng	独体	7	533	假	jiǎ/jià	左右	11
498	弓	gōng	独体	3	534	价	jià	左右	6
499	功	gōng	左右	5	535	架	jià	上下	9
500	共	gòng	上下	6	536	尖	jiān	上下	6
501	股	gǔ	左右	8	537	检	jiǎn	左右	11
502	挂	guà	左右	9	538	健	jiàn	左右	10
503	怪	guài	左右	8	539	奖	jiǎng	上下	9
504	观	guān/guàn	左右	6	540	角	jiǎo/jué	上下	7
505	归	guī	左右	5	541	脚	jiǎo	左右	11
506	贵	guì	上下	9	542	觉	jiào/jué	上下	9
507	喝	hē/hè	左右	12	543	结	jiē/jié	左右	9
508	禾	hé	独体	5	544	洁	jié	左右	9
509	荷	hé/hè	上下	10	545	姐	jiě	左右	8
510	贺	hè	上下	9	546	介	jiè	上下	4
511	哼	hēng	左右	10	547	借	jiè	左右	10
512	虹	hóng	左右	9	548	斤	jīn	独体	4
513	洪	hóng	左右	9	549	尽	jìn/jǐn	上下	6
514	厚	hòu	左上包	9	550	劲	jìn/jìng	左右	7
515	胡	hú	左右	9	551	京	jīng	上中下	8
516	虎	hǔ	左上包	8	552	经	jīng	左右	8
517	护	hù	左右	7	553	睛	jīng	左右	13
518	划	huá/huà	左右	6	554	景	jǐng	上下	12
519	怀	huái	左右	7	555	净	jìng	左右	8
520	晃	huàng/huǎng	上下	10	556	久	jiǔ	独体	3
521	伙	huǒ	左右	6	557	旧	jiù	左右	5
522	货	huò	上下	8	558	居	jū	左上包	8
523	鸡	jī	左右	7	559	巨	jù	独体	4
524	积	jī	左右	10	560	具	jù	上下	8
525	及	jí	独体	3	561	决	jué	左右	6
526	吉	jí	上下	6	562	绝	jué	左右	9
527	集	jí	上下	12	563	军	jūn	上下	6
528	计	jì	左右	4	564	咖	kā/gā	左右	8
529	纪	jì	左右	6	565	考	kǎo	左上包	6

ID	汉字	拼音	结构	笔画	ID	汉字	拼音	结构	笔画
566	科	kē	左右	9	602	眉	méi	左上包	9
567	咳	ké	左右	9	603	妹	mèi	左右	8
568	克	kè	上下	7	604	梦	mèng	上下	11
569	刻	kè	左右	8	605	面	miàn	独体	9
570	客	kè	上下	9	606	苗	miáo	上下	8
571	孔	kǒng	左右	4	607	民	mín	独体	5
572	扣	kòu	左右	6	608	末	mò	独体	5
573	块	kuài	左右	7	609	母	mǔ	独体	5
574	快	kuài	左右	7	610	拿	ná	上下	10
575	矿	kuàng	左右	8	611	那	nà	左右	6
576	困	kùn	全包	7	612	难	nán/nàn	左右	10
577	啦	lā/la	左右	11	613	脑	nǎo	左右	10
578	朗	lǎng	左右	10	614	闹	nào	上三包	8
579	劳	láo	上中下	7	615	内	nèi	独体	4
580	雷	léi	上下	13	616	念	niàn	上下	8
581	礼	lǐ	左右	5	617	宁	níng/nìng	上下	5
582	理	lǐ	左右	11	618	扭	niǔ	左右	7
583	厉	lì	左上包	5	619	农	nóng	独体	6
584	励	lì	左右	7	620	弄	nòng	上下	7
585	利	lì	左右	7	621	努	nǔ	上下	7
586	粒	lì	左右	11	622	呕	ǒu	左右	7
587	怜	lián	左右	8	623	帕	pà	左右	8
588	脸	liǎn	左右	11	624	胖	pàng	左右	9
589	良	liáng	独体	7	625	喷	pēn	左右	12
590	量	liáng/liàng	上下	12	626	批	pī	左右	7
591	亮	liàng	上中下	9	627	匹	pǐ	左三包	4
592	料	liào	左右	10	628	品	pǐn	其他	9
593	领	lǐng	左右	11	629	平	píng	独体	5
594	令	lìng	上下	5	630	评	píng	左右	7
595	留	liú	上下	10	631	苹	píng	上下	8
596	流	liú	左右	10	632	泼	pō	左右	8
597	麻	má	左上包	11	633	破	pò	左右	10
598	码	mǎ	左右	8	634	扑	pū	左右	5
599	埋	mái/mán	左右	10	635	齐	qí	上下	6
600	芒	máng	上下	6	636	棋	qí	左右	12
601	冒	mào	上下	9	637	乞	qǐ	上下	3

ID	汉字	拼音	结构	笔画	ID	汉字	拼音	结构	笔画
638	企	qǐ	上下	6	674	拾	shí	左右	9
639	汽	qì	左右	7	675	食	shí	上下	9
640	前	qián	上下	9	676	士	shì	独体	3
641	枪	qiāng	左右	8	677	势	shì	上下	8
642	抢	qiǎng	左右	7	678	试	shì	左右	8
643	桥	qiáo	左右	10	679	视	shì	左右	8
644	巧	qiǎo	左右	5	680	室	shì	上下	9
645	且	qiě	独体	5	681	收	shōu	左右	6
646	青	qīng	上下	8	682	首	shǒu	独体	9
647	晴	qíng	左右	12	683	受	shòu	上中下	8
648	穷	qióng	上下	7	684	叔	shū	左右	8
649	区	qū	左三包	4	685	帅	shuài	左右	5
650	曲	qū/qǔ	独体	6	686	说	shuō	左右	9
651	取	qǔ	左右	8	687	司	sī	右上包	5
652	泉	quán	上下	9	688	思	sī	上下	9
653	却	què	左右	7	689	松	sōng	左右	8
654	任	rèn	左右	6	690	送	sòng	左下包	9
655	扔	rēng	左右	5	691	诉	sù	左右	7
656	容	róng	上下	10	692	抬	tái	左右	8
657	入	rù	独体	2	693	态	tài	上下	8
658	洒	sǎ	左右	9	694	贪	tān	上下	8
659	伞	sǎn	上下	6	695	堂	táng	上下	11
660	森	sēn	其他	12	696	讨	tǎo	左右	5
661	杀	shā	上下	6	697	套	tào	上下	10
662	善	shàn	上下	12	698	提	tí	左右	12
663	伤	shāng	左右	6	699	题	tí	左下包	15
664	舍	shě/shè	上下	8	700	条	tiáo	上下	7
665	社	shè	左右	7	701	调	tiáo/diào	左右	10
666	伸	shēn	左右	7	702	厅	tīng	左上包	4
667	升	shēng	独体	4	703	停	tíng	左右	11
668	圣	shèng	上下	5	704	童	tóng	上下	12
669	胜	shèng	左右	9	705	突	tū	上下	9
670	失	shī	独体	5	706	图	tú	全包	8
671	师	shī	左右	6	707	吞	tūn	上下	7
672	诗	shī	左右	8	708	托	tuō	左右	6
673	实	shí	上下	8	709	脱	tuō	左右	11

ID	汉字	拼音	结构	笔画	ID	汉字	拼音	结构	笔画
710	哇	wā	左右	9	746	咽	yàn/yān/yè	左右	9
711	丸	wán	独体	3	747	扬	yáng	左右	6
712	玩	wán	左右	8	748	羊	yáng	独体	6
713	亡	wáng	独体	3	749	药	yào	上下	9
714	网	wǎng	上三包	6	750	钥	yào	左右	9
715	危	wēi	左上包	6	751	夜	yè	上下	8
716	围	wéi	全包	7	752	医	yī	左三包	7
717	纹	wén	左右	7	753	宜	yí	上下	8
718	闻	wén	上三包	9	754	乙	yǐ	独体	1
719	乌	wū	独体	4	755	议	yì	左右	5
720	无	wú	独体	4	756	易	yì	上下	8
721	夕	xī	独体	3	757	意	yì	上下	13
722	吸	xī	左右	6	758	阴	yīn	左右	6
723	洗	xǐ	左右	9	759	印	yìn	左右	5
724	喜	xǐ	上中下	12	760	拥	yōng	左右	8
725	戏	xì	左右	6	761	永	yǒng	独体	5
726	乡	xiāng	独体	3	762	勇	yǒng	上下	9
727	项	xiàng	左右	9	763	优	yōu	左右	6
728	像	xiàng	左右	13	764	由	yóu	独体	5
729	消	xiāo	左右	10	765	语	yǔ	左右	9
730	笑	xiào	上下	10	766	玉	yù	独体	5
731	辛	xīn	上下	7	767	预	yù	左右	10
732	形	xíng	左右	7	768	员	yuán	上下	7
733	幸	xìng	上下	8	769	院	yuàn	左右	9
734	兄	xiōng	上下	5	770	运	yùn	左下包	7
735	续	xù	左右	11	771	扎	zā/zhā/zhá	左右	4
736	选	xuǎn	左下包	9	772	咱	zán	左右	9
737	穴	xué	上下	5	773	造	zào	左下包	10
738	血	xuè/xiě	独体	6	774	仗	zhàng	左右	5
739	压	yā/yà	左上包	6	775	招	zhāo	左右	8
740	牙	yá	独体	4	776	折	zhé/shé/zhē	左右	7
741	芽	yá	上下	7	777	者	zhě	左上包	8
742	亚	yà	独体	6	778	阵	zhèn	左右	6
743	烟	yān	左右	10	779	争	zhēng	上下	6
744	言	yán	独体	7	780	汁	zhī	左右	5
745	厌	yàn	左上包	6	781	芝	zhī	上下	6

ID	汉字	拼音	结构	笔画	ID	汉字	拼音	结构	笔画
782	枝	zhī	左右	8	816	奔	bēn/bèn	上下	8
783	值	zhí	左右	10	817	币	bì	上下	4
784	植	zhí	左右	12	818	壁	bì	上下	16
785	址	zhǐ	左右	7	819	宾	bīn	上下	10
786	指	zhǐ	左右	9	820	兵	bīng	上下	7
787	治	zhì	左右	8	821	病	bìng	左上包	10
788	终	zhōng	左右	8	822	拨	bō	左右	8
789	众	zhòng	上下	6	823	波	bō	左右	8
790	重	zhòng/chóng	独体	9	824	博	bó	左右	12
791	州	zhōu	独体	6	825	补	bǔ	左右	7
792	周	zhōu	上三包	8	826	捕	bǔ	左右	10
793	注	zhù	左右	8	827	部	bù	左右	10
794	专	zhuān	独体	4	828	猜	cāi	左右	11
795	庄	zhuāng	左上包	6	829	材	cái	左右	7
796	壮	zhuàng	左右	6	830	财	cái	左右	7
797	准	zhǔn	左右	10	831	参	cān/shēn	上中下	8
798	组	zǔ	左右	8	832	残	cán	左右	9
799	嘴	zuǐ	左右	16	833	灿	càn	左右	7
800	最	zuì	上下	12	834	仓	cāng	上下	4
					835	藏	cáng/zàng	上下	17
3级					836	厕	cè	左上包	8
801	唉	āi/ài	左右	10	837	侧	cè	左右	8
802	扒	bā	左右	5	838	测	cè	左右	9
803	拔	bá	左右	8	839	茶	chá	上下	9
804	爸	bà	上下	8	840	拆	chāi	左右	8
805	拜	bài	左右	9	841	产	chǎn	独体	6
806	班	bān	左中右	10	842	尝	cháng	上下	9
807	般	bān	左右	10	843	超	chāo	左下包	12
808	膀	bǎng	左右	14	844	嘲	cháo	左右	15
809	棒	bàng	左右	12	845	潮	cháo	左右	15
810	傍	bàng	左右	12	846	炒	chǎo	左右	8
811	胞	bāo	左右	9	847	扯	chě	左右	7
812	薄	báo/bò/bó	上下	16	848	臣	chén	独体	6
813	饱	bǎo	左右	8	849	衬	chèn	左右	8
814	暴	bào	上中下	15	850	称	chēng/chèn	左右	10
815	被	bèi	左右	10	851	承	chéng	独体	8

ID	汉字	拼音	结构	笔画
852	乘	chéng	其他	10
853	程	chéng	左右	12
854	惩	chéng	上下	12
855	迟	chí	左下包	7
856	持	chí	左右	9
857	齿	chǐ	上下	8
858	赤	chì	上下	7
859	宠	chǒng	上下	8
860	愁	chóu	上下	13
861	臭	chòu	上下	10
862	除	chú	左右	9
863	厨	chú	左上包	12
864	触	chù	左右	13
865	喘	chuǎn	左右	12
866	创	chuàng/chuāng	左右	6
867	纯	chún	左右	7
868	唇	chún	左上包	10
869	此	cǐ	左右	6
870	刺	cì/cī	左右	8
871	匆	cōng	独体	5
872	丛	cóng	上下	5
873	粗	cū	左右	11
874	脆	cuì	左右	10
875	存	cún	左上包	6
876	错	cuò	左右	13
877	达	dá	左下包	6
878	呆	dāi	上下	7
879	待	dāi/dài	左右	9
880	代	dài	左右	5
881	担	dān/dàn	左右	8
882	胆	dǎn	左右	9
883	旦	dàn	上下	5
884	淡	dàn	左右	11
885	蛋	dàn	上下	11
886	挡	dǎng	左右	9
887	荡	dàng	上下	9
888	导	dǎo	上下	6
889	岛	dǎo	右上包	7
890	得	de/dé/děi	左右	11
891	登	dēng	上下	12
892	等	děng	上下	12
893	笛	dí	上下	11
894	递	dì	左下包	10
895	第	dì	上下	11
896	垫	diàn	上下	9
897	叼	diāo	左右	5
898	吊	diào	上下	6
899	钓	diào	左右	8
900	掉	diào	左右	11
901	订	dìng	左右	4
902	栋	dòng	左右	9
903	陡	dǒu	左右	9
904	独	dú	左右	9
905	度	dù/duó	左上包	9
906	短	duǎn	左右	12
907	段	duàn	左右	9
908	断	duàn	左右	11
909	堆	duī	左右	11
910	顿	dùn	左右	10
911	哆	duō	左右	9
912	夺	duó	上下	6
913	恶	è/ě/wù	上下	10
914	罚	fá	上下	9
915	帆	fān	左右	6
916	番	fān	上下	12
917	犯	fàn	左右	5
918	贩	fàn	左右	8
919	芳	fāng	上下	7
920	防	fáng	左右	6
921	仿	fǎng	左右	6
922	废	fèi	左上包	8
923	费	fèi	上下	9

ID	汉字	拼音	结构	笔画	ID	汉字	拼音	结构	笔画
924	芬	fēn	上下	7	960	购	gòu	左右	8
925	吩	fēn	左右	7	961	够	gòu	左右	11
926	纷	fēn	左右	7	962	孤	gū	左右	8
927	粉	fěn	左右	10	963	骨	gǔ/gū	上下	9
928	份	fèn	左右	6	964	固	gù	全包	8
929	奋	fèn	上下	8	965	顾	gù	左右	10
930	封	fēng	左右	9	966	瓜	guā	独体	5
931	否	fǒu/pǐ	上下	7	967	刮	guā	左右	8
932	伏	fú	左右	6	968	乖	guāi	其他	8
933	浮	fú	左右	10	969	拐	guǎi	左右	8
934	符	fú	上下	11	970	管	guǎn	上下	14
935	幅	fú	左右	12	971	冠	guàn/guān	上下	9
936	斧	fǔ	上下	8	972	规	guī	左右	8
937	腐	fǔ	左上包	14	973	轨	guǐ	左右	6
938	付	fù	左右	5	974	鬼	guǐ	独体	9
939	附	fù	左右	7	975	柜	guì	左右	8
940	咐	fù	左右	8	976	孩	hái	左右	9
941	副	fù	左右	11	977	害	hài	上中下	10
942	富	fù	上下	12	978	含	hán	上下	7
943	盖	gài	上下	11	979	喊	hǎn	左右	12
944	概	gài	左右	13	980	旱	hàn	上下	7
945	甘	gān	独体	5	981	航	háng	左右	10
946	杆	gān/gǎn	左右	7	982	毫	háo	上下	11
947	竿	gān	上下	9	983	呵	hē	左右	8
948	敢	gǎn	左右	11	984	何	hé	左右	7
949	钢	gāng	左右	9	985	核	hé/hú	左右	10
950	高	gāo	上中下	10	986	盒	hé	上下	11
951	戈	gē	独体	4	987	黑	hēi	上下	12
952	胳	gē	左右	10	988	嘿	hēi	左右	15
953	歌	gē	左右	14	989	很	hěn	左右	9
954	根	gēn	左右	10	990	横	héng/hèng	左右	15
955	攻	gōng	左右	7	991	轰	hōng	上下	8
956	宫	gōng	上下	9	992	哄	hōng/hǒng/hòng	左右	9
957	勾	gōu/gòu	右上包	4	993	候	hòu	左右	10
958	沟	gōu	左右	7	994	乎	hū	独体	5
959	狗	gǒu	左右	8					

ID	汉字	拼音	结构	笔画	ID	汉字	拼音	结构	笔画
995	狐	hú	左右	8	1031	箭	jiàn	上下	15
996	湖	hú	左右	12	1032	将	jiāng/jiàng	左右	9
997	滑	huá	左右	12	1033	胶	jiāo	左右	10
998	环	huán	左右	8	1034	教	jiāo/jiào	左右	11
999	幻	huàn	左右	4	1035	较	jiào	左右	10
1000	换	huàn	左右	10	1036	阶	jiē	左右	6
1001	唤	huàn	左右	10	1037	接	jiē	左右	11
1002	黄	huáng	上中下	11	1038	街	jiē	左中右	12
1003	挥	huī	左右	9	1039	杰	jié	上下	8
1004	恢	huī	左右	9	1040	解	jiě	左右	13
1005	悔	huǐ	左右	10	1041	戒	jiè	右上包	7
1006	昏	hūn	上下	8	1042	仅	jǐn	左右	4
1007	混	hùn	左右	11	1043	紧	jǐn	上下	10
1008	或	huò	右上包	8	1044	禁	jìn/jīn	上下	13
1009	获	huò	上下	10	1045	惊	jīng	左右	11
1010	饥	jī	左右	5	1046	晶	jīng	其他	12
1011	圾	jī	左右	6	1047	精	jīng	左右	14
1012	基	jī	上下	11	1048	颈	jīng	左右	11
1013	即	jí	左右	7	1049	径	jìng	左右	8
1014	疾	jí	左上包	10	1050	竟	jìng	上下	10
1015	挤	jǐ	左右	9	1051	竞	jìng	上下	11
1016	际	jì	左右	7	1052	静	jìng	左右	14
1017	迹	jì	左下包	9	1053	究	jiū	上下	7
1018	既	jì	左右	9	1054	酒	jiǔ	左右	10
1019	继	jì	左右	10	1055	就	jiù	左右	12
1020	寄	jì	上下	11	1056	局	jú	左上包	7
1021	家	jiā	上下	10	1057	桔	jú	左右	10
1022	驾	jià	上下	8	1058	菊	jú	上下	11
1023	坚	jiān	上下	7	1059	举	jǔ	上下	9
1024	肩	jiān	左上包	8	1060	剧	jù	左右	10
1025	减	jiǎn	左右	11	1061	据	jù/jū	左右	11
1026	剪	jiǎn	上下	11	1062	卷	juǎn/juàn	上下	8
1027	简	jiǎn	上下	13	1063	砍	kǎn	左右	9
1028	建	jiàn	左下包	8	1064	康	kāng	左上包	11
1029	剑	jiàn	左右	9	1065	扛	káng	左右	6
1030	渐	jiàn	左右	11	1066	抗	kàng	左右	7

ID	汉字	拼音	结构	笔画	ID	汉字	拼音	结构	笔画
1067	靠	kào	上下	15	1103	例	lì	左右	8
1068	棵	kē	左右	12	1104	俩	liǎ/liǎng	左右	9
1069	壳	ké/qiào	上中下	7	1105	帘	lián	上下	8
1070	课	kè	左右	10	1106	莲	lián	上下	10
1071	肯	kěn	上下	8	1107	联	lián	左右	12
1072	啃	kěn	左右	11	1108	练	liàn	左右	8
1073	恐	kǒng	上下	10	1109	凉	liáng/liàng	左右	10
1074	控	kòng	左右	11	1110	列	liè	左右	6
1075	枯	kū	左右	9	1111	烈	liè	上下	10
1076	哭	kū	上下	10	1112	邻	lín	左右	7
1077	库	kù	左上包	7	1113	临	lín	左右	9
1078	宽	kuān	上下	10	1114	淋	lín	左右	11
1079	狂	kuáng	左右	7	1115	灵	líng	上下	7
1080	况	kuàng	左右	7	1116	铃	líng	左右	10
1081	亏	kuī	上下	3	1117	凌	líng	左右	10
1082	昆	kūn	上下	8	1118	岭	lǐng	左右	8
1083	扩	kuò	左右	6	1119	柳	liǔ	左右	9
1084	括	kuò	左右	9	1120	笼	lóng/lǒng	上下	11
1085	阔	kuò	上三包	12	1121	楼	lóu	左右	13
1086	垃	lā	左右	8	1122	炉	lú	左右	8
1087	腊	là	左右	12	1123	陆	lù	左右	7
1088	拦	lán	左右	8	1124	路	lù	左右	13
1089	栏	lán	左右	9	1125	旅	lǚ	左右	10
1090	蓝	lán	上下	13	1126	律	lǜ	左右	9
1091	览	lǎn	左右	9	1127	虑	lǜ	左上包	10
1092	烂	làn	左右	9	1128	论	lùn	左右	6
1093	廊	láng	左上包	11	1129	络	luò	左右	9
1094	浪	làng	左右	10	1130	落	luò/là	上下	12
1095	牢	láo	上下	7	1131	抹	mā/mǒ/mò	左右	8
1096	类	lèi	上下	9	1132	骂	mà	上下	9
1097	累	lèi/lěi/léi	上下	11	1133	嘛	ma	左右	14
1098	厘	lí	左上包	9	1134	麦	mài	上下	7
1099	离	lí	上下	10	1135	满	mǎn	左右	13
1100	梨	lí	上下	11	1136	茫	máng	上下	9
1101	李	lǐ	上下	7	1137	茂	mào	上下	8
1102	历	lì	左上包	4	1138	帽	mào	左右	12

ID	汉字	拼音	结构	笔画	ID	汉字	拼音	结构	笔画
1139	梅	méi	左右	11	1175	盼	pàn	左右	9
1140	闷	mēn/mèn	上三包	7	1176	乓	pāng	上下	6
1141	眯	mī	左右	11	1177	庞	páng	左上包	8
1142	迷	mí	左下包	9	1178	旁	páng	上下	10
1143	秘	mì	左右	10	1179	抛	pāo	左右	7
1144	密	mì	上下	11	1180	跑	pǎo	左右	12
1145	免	miǎn	上下	7	1181	泡	pào/pāo	左右	8
1146	描	miáo	左右	11	1182	炮	pào/páo	左右	9
1147	秒	miǎo	左右	9	1183	赔	péi	左右	12
1148	妙	miào	左右	7	1184	盆	pén	上下	9
1149	鸣	míng	左右	8	1185	砰	pēng	左右	10
1150	命	mìng	上下	8	1186	碰	pèng	左右	13
1151	模	mó/mú	左右	14	1187	披	pī	左右	8
1152	磨	mó/mò	左上包	16	1188	脾	pí	左右	12
1153	沫	mò	左右	8	1189	屁	pì	左上包	7
1154	陌	mò	左右	8	1190	偏	piān	左右	11
1155	幕	mù	上下	13	1191	拼	pīn	左右	9
1156	奶	nǎi	左右	5	1192	贫	pín	上下	8
1157	耐	nài	左右	9	1193	频	pín	左右	13
1158	恼	nǎo	左右	9	1194	乒	pīng	上下	6
1159	能	néng	左右	10	1195	坪	píng	左右	8
1160	泥	ní/nì	左右	8	1196	屏	píng/bǐng	左上包	9
1161	鸟	niǎo	独体	5	1197	瓶	píng	左右	10
1162	尿	niào	左上包	7	1198	坡	pō	左右	8
1163	拧	nǐng	左右	8	1199	婆	pó	上下	11
1164	纽	niǔ	左右	7	1200	普	pǔ	上下	12
1165	浓	nóng	左右	9	1201	欺	qī	左右	12
1166	怒	nù	上下	9	1202	启	qǐ	左上包	7
1167	暖	nuǎn	左右	13	1203	弃	qì	上下	7
1168	哦	ó/ò	左右	10	1204	恰	qià	左右	9
1169	趴	pā	左右	9	1205	牵	qiān	上中下	9
1170	爬	pá	左下包	8	1206	钱	qián	左右	10
1171	牌	pái	左右	12	1207	浅	qiǎn	左右	8
1172	派	pài	左右	9	1208	欠	qiàn	上下	4
1173	盘	pán	上下	11	1209	强	qiáng/qiǎng/jiàng	左右	12
1174	判	pàn	左右	7					

ID	汉字	拼音	结构	笔画	ID	汉字	拼音	结构	笔画
1210	悄	qiāo/qiǎo	左右	10	1246	勺	sháo	右上包	3
1211	侨	qiáo	左右	8	1247	绍	shào	左右	8
1212	瞧	qiáo	左右	17	1248	哨	shào	左右	10
1213	茄	qié/jiā	上下	8	1249	蛇	shé	左右	11
1214	勤	qín	左右	13	1250	设	shè	左右	6
1215	轻	qīng	左右	9	1251	射	shè	左右	10
1216	倾	qīng	左右	10	1252	谁	shéi/shuí	左右	10
1217	球	qiú	左右	11	1253	深	shēn	左右	11
1218	屈	qū	左上包	8	1254	神	shén	左右	9
1219	权	quán	左右	6	1255	省	shěng/xǐng	上下	9
1220	犬	quǎn	独体	4	1256	尸	shī	独体	3
1221	劝	quàn	左右	4	1257	湿	shī	左右	12
1222	确	què	左右	12	1258	史	shǐ	独体	5
1223	群	qún	左右	13	1259	氏	shì	独体	4
1224	然	rán	上下	12	1260	示	shì	上下	5
1225	燃	rán	左右	16	1261	式	shì	右上包	6
1226	染	rǎn	上下	9	1262	似	shì/sì	左右	6
1227	嚷	rǎng/rāng	左右	20	1263	饰	shì	左右	8
1228	扰	rǎo	左右	7	1264	适	shì	左下包	9
1229	忍	rěn	上下	7	1265	守	shǒu	上下	6
1230	仍	réng	左右	4	1266	售	shòu	上下	11
1231	茸	róng	上下	9	1267	暑	shǔ	上下	12
1232	柔	róu	上下	9	1268	属	shǔ	左上包	12
1233	软	ruǎn	左右	8	1269	数	shǔ/shù	左右	13
1234	塞	sāi/sài/sè	上中下	13	1270	束	shù	独体	7
1235	赛	sài	上中下	14	1271	竖	shù	上下	9
1236	嗓	sǎng	左右	13	1272	刷	shuā	左右	8
1237	纱	shā	左右	7	1273	耍	shuǎ	上下	9
1238	啥	shá	左右	11	1274	爽	shuǎng	其他	11
1239	厦	shà	左上包	12	1275	睡	shuì	左右	13
1240	晒	shài	左右	10	1276	顺	shùn	左右	9
1241	衫	shān	左右	8	1277	烁	shuò	左右	9
1242	扇	shān/shàn	左上包	10	1278	丝	sī	上下	5
1243	商	shāng	上下	11	1279	私	sī	左右	7
1244	赏	shǎng	上下	12	1280	斯	sī	左右	12
1245	尚	shàng	上下	8	1281	寺	sì	上下	6

ID	汉字	拼音	结构	笔画	ID	汉字	拼音	结构	笔画
1282	速	sù	左下包	10	1318	徒	tú	左右	10
1283	宿	sù/xiǔ	上下	11	1319	途	tú	左下包	10
1284	塑	sù	上下	13	1320	涂	tú	左右	10
1285	算	suàn	上下	14	1321	兔	tù	上下	8
1286	虽	suī	上下	9	1322	团	tuán	全包	6
1287	碎	suì	左右	13	1323	推	tuī	左右	11
1288	孙	sūn	左右	6	1324	腿	tuǐ	左右	13
1289	索	suǒ	上下	10	1325	退	tuì	左下包	9
1290	胎	tāi	左右	9	1326	拖	tuō	左右	8
1291	坛	tán	左右	7	1327	唾	tuò	左右	11
1292	谈	tán	左右	10	1328	瓦	wǎ	独体	4
1293	弹	tán/dàn	左右	11	1329	歪	wāi	上下	9
1294	坦	tǎn	左右	8	1330	弯	wān	上下	9
1295	叹	tàn	左右	5	1331	湾	wān	左右	12
1296	汤	tāng	左右	6	1332	顽	wán	左右	10
1297	唐	táng	左上包	10	1333	望	wàng	上下	11
1298	涛	tāo	左右	10	1334	威	wēi	上三包	9
1299	逃	táo	左下包	9	1335	伟	wěi	左右	6
1300	桃	táo	左右	10	1336	委	wěi	上下	8
1301	特	tè	左右	10	1337	胃	wèi	上下	9
1302	疼	téng	左上包	10	1338	喂	wèi	左右	12
1303	腾	téng	左右	13	1339	温	wēn	左右	12
1304	梯	tī	左右	11	1340	稳	wěn	左右	14
1305	替	tì	上下	12	1341	卧	wò	左右	8
1306	甜	tián	左右	11	1342	握	wò	左右	12
1307	填	tián	左右	13	1343	污	wū	左右	6
1308	挑	tiāo/tiǎo	左右	9	1344	伍	wǔ	左右	6
1309	贴	tiē	左右	9	1345	武	wǔ	右上包	8
1310	铁	tiě	左右	10	1346	务	wù	上下	5
1311	亭	tíng	上下	9	1347	物	wù	左右	8
1312	庭	tíng	左上包	9	1348	误	wù	左右	9
1313	挺	tǐng	左右	9	1349	悉	xī	上下	11
1314	通	tōng/tòng	左下包	10	1350	惜	xī	左右	11
1315	统	tǒng	左右	9	1351	席	xí	左上包	10
1316	偷	tōu	左右	11	1352	虾	xiā	左右	9
1317	投	tóu	左右	7	1353	夏	xià	上下	10

ID	汉字	拼音	结构	笔画	ID	汉字	拼音	结构	笔画
1354	仙	xiān	左右	5	1390	颜	yán	左右	15
1355	闲	xián	上三包	7	1391	艳	yàn	左右	10
1356	显	xiǎn	上下	9	1392	验	yàn	左右	10
1357	险	xiǎn	左右	9	1393	央	yāng	独体	5
1358	线	xiàn	左右	8	1394	杨	yáng	左右	7
1359	厢	xiāng	左上包	11	1395	仰	yǎng	左右	6
1360	箱	xiāng	上下	15	1396	养	yǎng	上下	9
1361	象	xiàng	独体	11	1397	妖	yāo	左右	7
1362	削	xiāo/xuē	左右	9	1398	腰	yāo	左右	13
1363	晓	xiǎo	左右	10	1399	爷	yé	上下	6
1364	胁	xié	左右	8	1400	移	yí	左右	11
1365	斜	xié	左右	11	1401	蚁	yǐ	左右	9
1366	谢	xiè	左右	12	1402	椅	yǐ	左右	12
1367	欣	xīn	左右	8	1403	亿	yì	左右	3
1368	醒	xǐng	左右	16	1404	义	yì	独体	3
1369	杏	xìng	上下	7	1405	忆	yì	左右	4
1370	凶	xiōng	下三包	4	1406	异	yì	上下	6
1371	胸	xiōng	左右	10	1407	荫	yīn	上下	9
1372	修	xiū	左右	9	1408	银	yín	左右	11
1373	羞	xiū	左上包	10	1409	引	yǐn	左右	4
1374	秀	xiù	上下	7	1410	饮	yǐn	左右	7
1375	袖	xiù	左右	10	1411	隐	yǐn	左右	11
1376	须	xū	左右	9	1412	英	yīng	上下	8
1377	虚	xū	左上包	11	1413	鹰	yīng	左上包	18
1378	序	xù	左上包	7	1414	迎	yíng	左下包	7
1379	宣	xuān	上下	9	1415	营	yíng	上下	11
1380	雪	xuě	上下	11	1416	影	yǐng	左右	15
1381	寻	xún	上下	6	1417	映	yìng	左右	9
1382	训	xùn	左右	5	1418	硬	yìng	左右	12
1383	迅	xùn	左下包	6	1419	哟	yō/yo	左右	9
1384	哑	yǎ	左右	9	1420	泳	yǒng	左右	8
1385	讶	yà	左右	6	1421	忧	yōu	左右	7
1386	严	yán	独体	7	1422	尤	yóu	独体	4
1387	岩	yán	上下	8	1423	邮	yóu	左右	7
1388	炎	yán	上下	8	1424	犹	yóu	左右	7
1389	沿	yán	左右	8	1425	游	yóu	左右	12

ID	汉字	拼音	结构	笔画	ID	汉字	拼音	结构	笔画
1426	余	yú	上下	7	1462	睁	zhēng	左右	11
1427	渔	yú	左右	11	1463	整	zhěng	上下	16
1428	宇	yǔ	上下	6	1464	证	zhèng	左右	7
1429	育	yù	上下	8	1465	政	zhèng	左右	9
1430	浴	yù	左右	10	1466	挣	zhèng/zhēng	左右	9
1431	圆	yuán	全包	10	1467	之	zhī	独体	3
1432	愿	yuàn	左上包	14	1468	肢	zhī	左右	8
1433	约	yuē	左右	6	1469	织	zhī	左右	8
1434	阅	yuè	上三包	10	1470	止	zhǐ	独体	4
1435	越	yuè	左下包	12	1471	纸	zhǐ	左右	7
1436	晕	yūn/yùn	上下	10	1472	至	zhì	上下	6
1437	杂	zá	上下	6	1473	志	zhì	上下	7
1438	灾	zāi	上下	7	1474	制	zhì	左右	8
1439	暂	zàn	上下	12	1475	质	zhì	左上包	8
1440	赞	zàn	上下	16	1476	智	zhì	上下	12
1441	脏	zāng/zàng	左右	10	1477	置	zhì	上下	13
1442	皂	zào	上下	7	1478	舟	zhōu	独体	6
1443	则	zé	左右	6	1479	洲	zhōu	左右	9
1444	责	zé	上下	8	1480	宙	zhòu	上下	8
1445	择	zé	左右	8	1481	珠	zhū	左右	10
1446	喳	zhā/chā	左右	12	1482	竹	zhú	左右	6
1447	炸	zhá/zhà	左右	9	1483	烛	zhú	左右	10
1448	眨	zhǎ	左右	9	1484	柱	zhù	左右	9
1449	沾	zhān	左右	8	1485	祝	zhù	左右	9
1450	展	zhǎn	左上包	10	1486	著	zhù	上下	11
1451	占	zhàn	上下	5	1487	转	zhuǎn/zhuàn	左右	8
1452	战	zhàn	左右	9	1488	妆	zhuāng	左右	6
1453	站	zhàn	左右	10	1489	装	zhuāng	上下	12
1454	掌	zhǎng	上中下	12	1490	状	zhuàng	左右	7
1455	丈	zhàng	独体	3	1491	撞	zhuàng	左右	15
1456	帐	zhàng	左右	7	1492	追	zhuī	左下包	9
1457	爪	zhǎo/zhuǎ	独体	4	1493	捉	zhuō	左右	10
1458	照	zhào	上下	13	1494	姿	zī	上下	9
1459	珍	zhēn	左右	9	1495	仔	zǐ/zǎi	左右	5
1460	枕	zhěn	左右	8	1496	奏	zòu	上下	9
1461	镇	zhèn	左右	15	1497	租	zū	左右	10

ID	汉字	拼音	结构	笔画	ID	汉字	拼音	结构	笔画
1498	族	zú	左右	11	1532	辩	biàn	左中右	16
1499	祖	zǔ	左右	9	1533	滨	bīn	左右	13
1500	钻	zuān/zuàn	左右	10	1534	饼	bǐng	左右	9
4级					1535	玻	bō	左右	9
					1536	播	bō	左右	15
1501	哀	āi	上中下	9	1537	脖	bó	左右	11
1502	挨	ái/āi	左右	10	1538	膊	bó	左右	14
1503	碍	ài	左右	13	1539	怖	bù	左右	8
1504	昂	áng	上下	8	1540	裁	cái	右上包	12
1505	傲	ào	左右	12	1541	蚕	cán	上下	10
1506	奥	ào	上下	12	1542	惨	cǎn	左右	11
1507	罢	bà	上下	10	1543	操	cāo	左右	16
1508	柏	bǎi	左右	9	1544	曾	céng/zēng	上中下	12
1509	摆	bǎi	左右	13	1545	插	chā	左右	12
1510	颁	bān	左右	10	1546	察	chá	上下	14
1511	搬	bān	左右	13	1547	柴	chái	上下	10
1512	版	bǎn	左右	8	1548	颤	chàn/zhàn	左右	19
1513	绊	bàn	左右	8	1549	偿	cháng	左右	11
1514	榜	bǎng	左右	14	1550	彻	chè	左右	7
1515	堡	bǎo	左右	12	1551	趁	chèn	左下包	12
1516	悲	bēi	上下	12	1552	撑	chēng	左右	15
1517	碑	bēi	左右	13	1553	呈	chéng	上下	7
1518	倍	bèi	左右	10	1554	盛	chéng/shèng	上下	11
1519	辈	bèi	上下	12	1555	痴	chī	左上包	13
1520	臂	bei/bì	上下	17	1556	驰	chí	左右	6
1521	笨	bèn	上下	11	1557	耻	chǐ	左右	10
1522	逼	bī	左下包	12	1558	斥	chì	独体	5
1523	鼻	bí	上中下	14	1559	崇	chóng	上下	11
1524	彼	bǐ	左右	8	1560	仇	chóu	左右	4
1525	毕	bì	上下	6	1561	础	chǔ	左右	10
1526	碧	bì	上下	14	1562	储	chǔ	左右	12
1527	避	bì	左下包	16	1563	楚	chǔ	上下	13
1528	编	biān	左右	12	1564	船	chuán	左右	11
1529	扁	biǎn	左上包	9	1565	窗	chuāng	上下	12
1530	遍	biàn	左下包	12	1566	闯	chuǎng	上三包	6
1531	辨	biàn	左中右	16	1567	垂	chuí	独体	8

ID	汉字	拼音	结构	笔画	ID	汉字	拼音	结构	笔画
1568	辞	cí	左右	13	1604	饿	è	左右	10
1569	慈	cí	上下	13	1605	恩	ēn	上下	10
1570	聪	cōng	左右	15	1606	尔	ěr	上下	5
1571	凑	còu	左右	11	1607	伐	fá	左右	6
1572	促	cù	左右	9	1608	翻	fān	左右	18
1573	催	cuī	左右	13	1609	凡	fán	独体	3
1574	翠	cuì	上下	14	1610	返	fǎn	左下包	7
1575	寸	cùn	独体	3	1611	泛	fàn	左右	7
1576	措	cuò	左右	11	1612	妨	fáng	左右	7
1577	搭	dā	左右	12	1613	访	fǎng	左右	6
1578	歹	dǎi	独体	4	1614	纺	fǎng	左右	7
1579	袋	dài	上下	11	1615	匪	fěi	左三包	10
1580	丹	dān	独体	4	1616	肺	fèi	左右	8
1581	诞	dàn	左右	8	1617	沸	fèi	左右	8
1582	叨	dāo	左右	5	1618	氛	fēn	右上包	8
1583	盗	dào	上下	11	1619	粪	fèn	上下	12
1584	德	dé	左右	15	1620	愤	fèn	左右	12
1585	滴	dī	左右	14	1621	疯	fēng	左上包	9
1586	帝	dì	上下	9	1622	峰	fēng	左右	10
1587	颠	diān	左右	16	1623	锋	fēng	左右	12
1588	刁	diāo	独体	2	1624	蜂	fēng	左右	13
1589	爹	diē	上下	10	1625	逢	féng	左下包	10
1590	跌	diē	左右	12	1626	凤	fèng	上三包	4
1591	蝶	dié	左右	15	1627	奉	fèng	上下	8
1592	董	dǒng	上下	12	1628	佛	fú/fó	左右	7
1593	懂	dǒng	左右	15	1629	福	fú	左右	13
1594	逗	dòu	左下包	10	1630	抚	fǔ	左右	7
1595	毒	dú	上下	9	1631	府	fǔ	左上包	8
1596	堵	dǔ	左右	11	1632	俯	fǔ	左右	10
1597	赌	dǔ	左右	12	1633	妇	fù	左右	6
1598	妒	dù	左右	7	1634	傅	fù	左右	12
1599	端	duān	左右	14	1635	腹	fù	左右	13
1600	吨	dūn	左右	7	1636	尬	gà	左下包	7
1601	盾	dùn	左上包	9	1637	肝	gān	左右	7
1602	躲	duǒ	左右	13	1638	冈	gāng	上三包	4
1603	额	é	左右	15	1639	缸	gāng	左右	9

ID	汉字	拼音	结构	笔画	ID	汉字	拼音	结构	笔画
1640	岗	gǎng	上下	7	1676	吼	hǒu	左右	7
1641	港	gǎng	左右	12	1677	壶	hú	上中下	10
1642	杠	gàng	左右	7	1678	糊	hú/hù	左右	15
1643	搞	gǎo	左右	13	1679	缓	huǎn	左右	12
1644	稿	gǎo	左右	15	1680	患	huàn	上下	11
1645	割	gē	左右	12	1681	荒	huāng	上下	9
1646	革	gé	独体	9	1682	慌	huāng	左右	12
1647	隔	gé	左右	12	1683	皇	huáng	上下	9
1648	跟	gēn	左右	13	1684	煌	huáng	左右	13
1649	耕	gēng	左右	10	1685	恍	huǎng	左右	9
1650	供	gōng/gòng	左右	8	1686	谎	huǎng	左右	11
1651	躬	gōng	左右	10	1687	辉	huī	左右	12
1652	拱	gǒng	左右	9	1688	汇	huì	左右	5
1653	贡	gòng	上下	7	1689	绘	huì	左右	9
1654	钩	gōu	左右	9	1690	惠	huì	上下	12
1655	苟	gǒu	上下	8	1691	慧	huì	上下	15
1656	构	gòu	左右	8	1692	婚	hūn	左右	11
1657	估	gū	左右	7	1693	浑	hún	左右	9
1658	菇	gū	上下	11	1694	魂	hún	左右	13
1659	鼓	gǔ	左右	13	1695	惑	huò	上下	12
1660	官	guān	上下	8	1696	击	jī	独体	5
1661	馆	guǎn	左右	11	1697	肌	jī	左右	6
1662	贯	guàn	上下	8	1698	激	jī	左右	16
1663	惯	guàn	左右	11	1699	技	jì	左右	7
1664	龟	guī/jūn	上下	7	1700	忌	jì	上下	7
1665	诡	guǐ	左右	8	1701	剂	jì	左右	8
1666	桂	guì	左右	10	1702	济	jì/jǐ	左右	9
1667	滚	gǔn	左右	13	1703	寂	jì	上下	11
1668	棍	gùn	左右	12	1704	绩	jì	左右	11
1669	寒	hán	上中下	12	1705	佳	jiā	左右	8
1670	耗	hào	左右	10	1706	监	jiān/jiàn	上下	10
1671	狠	hěn	左右	9	1707	拣	jiǎn	左右	8
1672	恨	hèn	左右	9	1708	俭	jiǎn	左右	9
1673	衡	héng	左中右	16	1709	荐	jiàn	上下	9
1674	烘	hōng	左右	10	1710	舰	jiàn	左右	10
1675	喉	hóu	左右	12	1711	键	jiàn	左右	13

ID	汉字	拼音	结构	笔画	ID	汉字	拼音	结构	笔画
1712	匠	jiàng	左三包	6	1748	坑	kēng	左右	7
1713	降	jiàng/xiáng	左右	8	1749	裤	kù	左右	12
1714	郊	jiāo	左右	8	1750	酷	kù	左右	14
1715	椒	jiāo	左右	12	1751	跨	kuà	左右	13
1716	焦	jiāo	上下	12	1752	款	kuǎn	左右	12
1717	狡	jiǎo	左右	9	1753	框	kuàng	左右	10
1718	搅	jiǎo	左右	12	1754	眶	kuàng	左右	11
1719	轿	jiào	左右	10	1755	捆	kǔn	左右	10
1720	揭	jiē	左右	12	1756	蜡	là	左右	14
1721	劫	jié	左右	7	1757	赖	lài	左右	13
1722	捷	jié	左右	11	1758	兰	lán	上下	5
1723	警	jǐng	上下	19	1759	郎	láng	左右	8
1724	敬	jìng	左右	12	1760	捞	lāo	左右	10
1725	境	jìng	左右	14	1761	姥	lǎo	左右	9
1726	镜	jìng	左右	16	1762	勒	lēi/lè	左右	11
1727	纠	jiū	左右	5	1763	狸	lí	左右	10
1728	揪	jiū	左右	12	1764	炼	liàn	左右	9
1729	疚	jiù	左上包	8	1765	恋	liàn	上下	10
1730	救	jiù	左右	11	1766	链	liàn	左右	12
1731	舅	jiù	上下	13	1767	梁	liáng	上下	11
1732	拒	jù	左右	7	1768	谅	liàng	左右	10
1733	俱	jù	左右	10	1769	辆	liàng	左右	11
1734	距	jù	左右	11	1770	晾	liàng	左右	12
1735	惧	jù	左右	11	1771	辽	liáo	左下包	5
1736	捐	juān	左右	10	1772	疗	liáo	左上包	7
1737	倦	juàn	左右	10	1773	聊	liáo	左右	11
1738	均	jūn	左右	7	1774	裂	liè	上下	12
1739	君	jūn	左上包	7	1775	零	líng	上下	13
1740	菌	jūn	上下	11	1776	龄	líng	左右	13
1741	俊	jùn	左右	9	1777	溜	liū/liù	左右	13
1742	凯	kǎi	左右	8	1778	咙	lóng	左右	8
1743	刊	kān	左右	5	1779	聋	lóng	上下	11
1744	堪	kān	左右	12	1780	隆	lóng	左右	11
1745	颗	kē	左右	14	1781	漏	lòu	左右	14
1746	渴	kě	左右	12	1782	录	lù	上下	8
1747	恳	kěn	上下	10	1783	碌	lù	左右	13

ID	汉字	拼音	结构	笔画	ID	汉字	拼音	结构	笔画
1784	露	lù/lòu	上下	21	1819	拇	mǔ	左右	8
1785	绿	lǜ	左右	11	1820	牧	mù	左右	8
1786	略	lüè	左右	11	1821	乃	nǎi	独体	2
1787	卵	luǎn	左右	7	1822	奈	nài	上下	8
1788	轮	lún	左右	8	1823	娘	niáng	左右	10
1789	萝	luó	上下	11	1824	捏	niē	左右	10
1790	逻	luó	左下包	11	1825	噢	ō	左右	15
1791	蚂	mǎ	左右	9	1826	偶	ǒu	左右	11
1792	迈	mài	左下包	6	1827	陪	péi	左右	10
1793	脉	mài/mò	左右	9	1828	培	péi	左右	11
1794	瞒	mán	左右	15	1829	佩	pèi	左右	8
1795	漫	màn	左右	14	1830	配	pèi	左右	10
1796	慢	màn	左右	14	1831	捧	pěng	左右	11
1797	盲	máng	上下	8	1832	劈	pī/pǐ	上下	15
1798	猫	māo	左右	11	1833	疲	pí	左上包	10
1799	矛	máo	独体	5	1834	篇	piān	上下	15
1800	茅	máo	上下	8	1835	飘	piāo	左右	15
1801	玫	méi	左右	8	1836	票	piào	上下	11
1802	枚	méi	左右	8	1837	漂	piào/piāo/piǎo	左右	14
1803	蒙	méng/mēng/měng	上下	13	1838	凭	píng	上下	8
1804	猛	měng	左右	11	1839	泊	pō/bó	左右	8
1805	觅	mì	上下	8	1840	迫	pò	左下包	8
1806	蜜	mì	上下	14	1841	魄	pò	左右	14
1807	眠	mián	左右	10	1842	铺	pū/pù	左右	12
1808	棉	mián	左右	12	1843	葡	pú	上下	12
1809	敏	mǐn	左右	11	1844	朴	pǔ	左右	6
1810	摸	mō	左右	13	1845	妻	qī	上下	8
1811	膜	mó	左右	14	1846	骑	qí	左右	11
1812	摩	mó	左上包	15	1847	旗	qí	左右	14
1813	魔	mó	左上包	20	1848	岂	qǐ	上下	6
1814	莫	mò	上中下	10	1849	泣	qì	左右	8
1815	漠	mò	左右	13	1850	器	qì	上中下	16
1816	墨	mò	上下	15	1851	迁	qiān	左下包	6
1817	默	mò	左右	16	1852	签	qiān	上下	13
1818	亩	mǔ	上下	7	1853	潜	qián	左右	15
					1854	腔	qiāng	左右	12

ID	汉字	拼音	结构	笔画	ID	汉字	拼音	结构	笔画
1855	墙	qiáng	左右	14	1891	牲	shēng	左右	9
1856	窃	qiè	上下	9	1892	剩	shèng	左右	12
1857	侵	qīn	左右	9	1893	狮	shī	左右	9
1858	琴	qín	上下	12	1894	驶	shǐ	左右	8
1859	禽	qín	上下	12	1895	释	shì	左右	12
1860	丘	qiū	独体	5	1896	誓	shì	上下	14
1861	囚	qiú	全包	5	1897	匙	shi	左下包	11
1862	驱	qū	左右	7	1898	寿	shòu	左上包	7
1863	渠	qú	上下	11	1899	授	shòu	左右	11
1864	趣	qù	左下包	15	1900	兽	shòu	上中下	11
1865	圈	quān/juàn	全包	11	1901	殊	shū	左右	10
1866	拳	quán	上下	10	1902	梳	shū	左右	11
1867	缺	quē	左右	10	1903	舒	shū	左右	12
1868	饶	ráo	左右	9	1904	输	shū	左右	13
1869	绕	rào	左右	9	1905	熟	shú	上下	15
1870	热	rè	上下	10	1906	述	shù	左下包	8
1871	仁	rén	左右	4	1907	甩	shuǎi	独体	5
1872	荣	róng	上下	9	1908	率	shuài/lǜ	上中下	11
1873	融	róng	左右	16	1909	拴	shuān	左右	9
1874	乳	rǔ	左右	8	1910	霜	shuāng	上下	17
1875	辱	rǔ	上下	10	1911	瞬	shùn	左右	17
1876	润	rùn	左右	10	1912	饲	sì	左右	8
1877	若	ruò	上下	8	1913	诵	sòng	左右	9
1878	弱	ruò	左右	10	1914	搜	sōu	左右	12
1879	撒	sā/sǎ	左右	15	1915	嗽	sòu	左右	14
1880	散	sàn/sǎn	左右	12	1916	苏	sū	上下	7
1881	桑	sāng	上下	10	1917	俗	sú	左右	9
1882	丧	sàng/sāng	上下	8	1918	肃	sù	独体	8
1883	傻	shǎ	左右	13	1919	素	sù	上下	10
1884	烧	shāo	左右	10	1920	随	suí	左右	11
1885	梢	shāo	左右	11	1921	损	sǔn	左右	10
1886	稍	shāo/shào	左右	12	1922	嗦	suō	左右	13
1887	摄	shè	左右	13	1923	缩	suō	左右	14
1888	申	shēn	独体	5	1924	锁	suǒ	左右	12
1889	审	shěn	上下	8	1925	塔	tǎ	左右	12
1890	甚	shèn	上下	9	1926	汰	tài	左右	7

ID	汉字	拼音	结构	笔画	ID	汉字	拼音	结构	笔画
1927	摊	tān	左右	13	1963	侮	wǔ	左右	9
1928	滩	tān	左右	13	1964	捂	wǔ	左右	10
1929	炭	tàn	上下	9	1965	舞	wǔ	上下	14
1930	探	tàn	左右	11	1966	悟	wù	左右	10
1931	淌	tǎng	左右	11	1967	牺	xī	左右	10
1932	躺	tǎng	左右	15	1968	晰	xī	左右	12
1933	掏	tāo	左右	11	1969	稀	xī	左右	12
1934	滔	tāo	左右	13	1970	溪	xī	左右	13
1935	陶	táo	左右	10	1971	膝	xī	左右	15
1936	萄	táo	上下	11	1972	袭	xí	上下	11
1937	淘	táo	左右	11	1973	瞎	xiā	左右	15
1938	剔	tī	左右	10	1974	峡	xiá	左右	9
1939	啼	tí	左右	12	1975	狭	xiá	左右	9
1940	涕	tì	左右	10	1976	掀	xiān	左右	11
1941	添	tiān	左右	11	1977	鲜	xiān/xiǎn	左右	14
1942	跳	tiào	左右	13	1978	衔	xián	左中右	11
1943	桶	tǒng	左右	11	1979	县	xiàn	上下	7
1944	筒	tǒng	上下	12	1980	限	xiàn	左右	8
1945	痛	tòng	左上包	12	1981	陷	xiàn	左右	10
1946	透	tòu	左下包	10	1982	献	xiàn	左右	13
1947	秃	tū	上下	7	1983	详	xiáng	左右	8
1948	挖	wā	左右	9	1984	祥	xiáng	左右	10
1949	蛙	wā	左右	12	1985	翔	xiáng	左右	12
1950	娃	wá	左右	9	1986	享	xiǎng	上中下	8
1951	碗	wǎn	左右	13	1987	橡	xiàng	左右	15
1952	腕	wàn	左右	12	1988	宵	xiāo	上下	10
1953	微	wēi	左右	13	1989	销	xiāo	左右	12
1954	违	wéi	左下包	7	1990	孝	xiào	左上包	7
1955	唯	wéi	左右	11	1991	肖	xiào	上下	7
1956	维	wéi	左右	11	1992	效	xiào	左右	10
1957	畏	wèi	上下	9	1993	协	xié	左右	6
1958	谓	wèi	左右	11	1994	鞋	xié	左右	15
1959	慰	wèi	上下	15	1995	泄	xiè	左右	8
1960	蚊	wén	左右	10	1996	械	xiè	左右	11
1961	翁	wēng	上下	10	1997	型	xíng	上下	9
1962	沃	wò	左右	7	1998	性	xìng	左右	8

ID	汉字	拼音	结构	笔画	ID	汉字	拼音	结构	笔画
1999	雄	xióng	左右	12	2035	与	yǔ	独体	3
2000	需	xū	上下	14	2036	予	yǔ	独体	4
2001	悬	xuán	上下	11	2037	郁	yù	左右	8
2002	旋	xuán/xuàn	左右	11	2038	域	yù	左右	11
2003	巡	xún	左下包	6	2039	欲	yù	左右	11
2004	循	xún	左右	12	2040	遇	yù	左下包	12
2005	讯	xùn	左右	5	2041	喻	yù	左右	12
2006	丫	yā	独体	3	2042	裕	yù	左右	12
2007	鸦	yā	左右	9	2043	援	yuán	左右	12
2008	鸭	yā	左右	10	2044	缘	yuán	左右	12
2009	崖	yá	上下	11	2045	源	yuán	左右	13
2010	涯	yá	左右	11	2046	悦	yuè	左右	10
2011	延	yán	左下包	6	2047	跃	yuè	左右	11
2012	研	yán	左右	9	2048	匀	yún	右上包	4
2013	盐	yán	上下	10	2049	允	yǔn	上下	4
2014	演	yǎn	左右	14	2050	砸	zá	左右	10
2015	宴	yàn	上中下	10	2051	栽	zāi	右上包	10
2016	雁	yàn	左上包	12	2052	宰	zǎi	上下	10
2017	痒	yǎng	左上包	11	2053	载	zài/zǎi	右上包	10
2018	摇	yáo	左右	13	2054	遭	zāo	左下包	14
2019	遥	yáo	左下包	13	2055	泽	zé	左右	8
2020	野	yě	左右	11	2056	贼	zéi	左右	10
2021	液	yè	左右	11	2057	增	zēng	左右	15
2022	依	yī	左右	8	2058	赠	zèng	左右	16
2023	疑	yí	左右	14	2059	摘	zhāi	左右	14
2024	倚	yǐ	左右	10	2060	宅	zhái	上下	6
2025	艺	yì	上下	4	2061	窄	zhǎi	上下	10
2026	译	yì	左右	7	2062	粘	zhān	左右	11
2027	益	yì	上下	10	2063	崭	zhǎn	上下	11
2028	谊	yì	左右	10	2064	绽	zhàn	左右	11
2029	婴	yīng	上下	11	2065	章	zhāng	上中下	11
2030	盈	yíng	上下	9	2066	涨	zhǎng/zhàng	左右	10
2031	涌	yǒng	左右	10	2067	账	zhàng	左右	8
2032	幽	yōu	下三包	9	2068	胀	zhàng	左右	8
2033	诱	yòu	左右	9	2069	障	zhàng	左右	13
2034	愚	yú	上下	13	2070	召	zhào	上下	5

ID	汉字	拼音	结构	笔画
2071	诊	zhěn	左右	7
2072	振	zhèn	左右	10
2073	震	zhèn	上下	15
2074	征	zhēng	左右	8
2075	执	zhí	左右	6
2076	殖	zhí	左右	12
2077	致	zhì	左右	10
2078	忠	zhōng	上下	8
2079	肿	zhǒng	左右	8
2080	皱	zhòu	左右	10
2081	株	zhū	左右	10
2082	猪	zhū	左右	11
2083	逐	zhú	左下包	10
2084	嘱	zhǔ	左右	15
2085	蛀	zhù	左右	11
2086	筑	zhù	上下	12
2087	砖	zhuān	左右	9
2088	赚	zhuàn	左右	14
2089	坠	zhuì	上下	7
2090	拙	zhuō	左右	8
2091	啄	zhuó	左右	11
2092	资	zī	上下	10
2093	滋	zī	左右	12
2094	紫	zǐ	上下	12
2095	综	zōng	左右	11
2096	纵	zòng	左右	7
2097	阻	zǔ	左右	7
2098	罪	zuì	上下	13
2099	醉	zuì	左右	15
2100	尊	zūn	上下	12

5级

ID	汉字	拼音	结构	笔画
2101	癌	ái	左上包	17
2102	矮	ǎi	左右	13
2103	蔼	ǎi	上下	14
2104	黯	àn	左右	21
2105	熬	āo/áo	上下	14
2106	疤	bā	左上包	9
2107	坝	bà	左右	7
2108	霸	bà	上下	21
2109	斑	bān	左中右	12
2110	瓣	bàn	左中右	19
2111	绑	bǎng	左右	9
2112	磅	bàng/páng	左右	15
2113	豹	bào	左右	10
2114	爆	bào	左右	19
2115	卑	bēi	上下	8
2116	惫	bèi	上下	12
2117	崩	bēng	上下	11
2118	绷	bēng/běng	左右	11
2119	蹦	bèng	左右	18
2120	蔽	bì	上下	14
2121	弊	bì	上下	14
2122	鞭	biān	左右	18
2123	辫	biàn	左中右	17
2124	缤	bīn	左右	13
2125	柄	bǐng	左右	9
2126	剥	bō/bāo	左右	10
2127	驳	bó	左右	7
2128	搏	bó	左右	13
2129	擦	cā	左右	17
2130	踩	cǎi	左右	15
2131	餐	cān	上下	16
2132	惭	cán	左右	11
2133	舱	cāng	左右	10
2134	槽	cáo	左右	15
2135	策	cè	上下	12
2136	馋	chán	左右	12
2137	缠	chán	左右	13
2138	铲	chǎn	左右	11
2139	敞	chǎng	左右	12
2140	畅	chàng	左右	8

ID	汉字	拼音	结构	笔画	ID	汉字	拼音	结构	笔画
2141	倡	chàng	左右	10	2177	蚪	dǒu	左右	10
2142	撤	chè	左右	15	2178	督	dū	上下	13
2143	辰	chén	左上包	7	2179	睹	dǔ	左右	13
2144	橙	chéng	左右	16	2180	杜	dù	左右	7
2145	翅	chì	左下包	10	2181	渡	dù	左右	12
2146	绸	chóu	左右	11	2182	锻	duàn	左右	14
2147	酬	chóu	左右	13	2183	蹲	dūn	左右	19
2148	稠	chóu	左右	13	2184	惰	duò	左右	12
2149	锄	chú	左右	12	2185	鹅	é	左右	12
2150	畜	chù/xù	上下	10	2186	乏	fá	上下	4
2151	疮	chuāng	左上包	9	2187	繁	fán	上下	17
2152	炊	chuī	左右	8	2188	坊	fāng/fáng	左右	7
2153	锤	chuí	左右	13	2189	肪	fáng	左右	8
2154	蠢	chǔn	上下	21	2190	坟	fén	左右	7
2155	磁	cí	左右	14	2191	焚	fén	上下	12
2156	赐	cì	左右	12	2192	讽	fěng	左右	6
2157	葱	cōng	上下	12	2193	缝	fèng/féng	左右	13
2158	醋	cù	左右	15	2194	俘	fú	左右	9
2159	窜	cuàn	上下	12	2195	辐	fú	左右	13
2160	摧	cuī	左右	14	2196	辅	fǔ	左右	11
2161	挫	cuò	左右	10	2197	赴	fù	左下包	9
2162	逮	dǎi/dài	左下包	11	2198	覆	fù	上下	18
2163	戴	dài	右上包	17	2199	溉	gài	左右	12
2164	耽	dān	左右	10	2200	尴	gān	左下包	13
2165	党	dǎng	上下	10	2201	纲	gāng	左右	7
2166	档	dàng	左右	10	2202	膏	gāo	上下	14
2167	捣	dǎo	左右	10	2203	糕	gāo	左右	16
2168	蹈	dǎo	左右	17	2204	鸽	gē	左右	11
2169	稻	dào	左右	15	2205	搁	gē	左右	12
2170	凳	dèng	上下	14	2206	阁	gé	上三包	9
2171	堤	dī	左右	12	2207	恭	gōng	上下	10
2172	抵	dǐ	左右	8	2208	巩	gǒng	左右	6
2173	殿	diàn	左右	13	2209	辜	gū	上下	12
2174	雕	diāo	左右	16	2210	雇	gù	左上包	12
2175	叠	dié	上中下	13	2211	灌	guàn	左右	20
2176	碟	dié	左右	14	2212	罐	guàn	左右	23

ID	汉字	拼音	结构	笔画	ID	汉字	拼音	结构	笔画
2213	逛	guàng	左下包	10	2249	骄	jiāo	左右	9
2214	瑰	guī	左右	13	2250	跤	jiāo	左右	13
2215	跪	guì	左右	13	2251	蕉	jiāo	上下	15
2216	锅	guō	左右	12	2252	嚼	jiáo/jué	左右	20
2217	裹	guǒ	上中下	14	2253	饺	jiǎo	左右	9
2218	豪	háo	上下	14	2254	矫	jiǎo/jiáo	左右	11
2219	浩	hào	左右	10	2255	皆	jiē	上下	9
2220	痕	hén	左上包	11	2256	截	jié	右上包	14
2221	恒	héng	左右	9	2257	竭	jié	左右	14
2222	宏	hóng	上下	7	2258	届	jiè	左上包	8
2223	猴	hóu	左右	12	2259	津	jīn	左右	9
2224	蝴	hú	左右	15	2260	筋	jīn	上下	12
2225	徊	huái	左右	9	2261	锦	jǐn	左右	13
2226	槐	huái	左右	13	2262	谨	jǐn	左右	13
2227	焕	huàn	左右	11	2263	浸	jìn	左右	10
2228	毁	huǐ	左右	13	2264	拘	jū	左右	8
2229	祸	huò	左右	11	2265	鞠	jū	左右	17
2230	讥	jī	左右	4	2266	橘	jú	左右	16
2231	嫉	jí	左右	13	2267	沮	jǔ	左右	8
2232	籍	jí	上下	20	2268	矩	jǔ/ju	左右	9
2233	脊	jǐ	上下	10	2269	锯	jù	左右	13
2234	颊	jiá	左右	12	2270	聚	jù	上下	14
2235	嫁	jià	左右	13	2271	诀	jué	左右	6
2236	稼	jià	左右	15	2272	倔	jué/juè	左右	10
2237	奸	jiān	左右	6	2273	掘	jué	左右	11
2238	艰	jiān	左右	8	2274	慨	kǎi	左右	12
2239	兼	jiān	独体	10	2275	慷	kāng	左右	14
2240	煎	jiān	上下	13	2276	烤	kǎo	左右	10
2241	茧	jiǎn	上下	9	2277	蝌	kē	左右	15
2242	捡	jiǎn	左右	10	2278	垮	kuǎ	左右	9
2243	贱	jiàn	左右	9	2279	筷	kuài	上下	13
2244	践	jiàn	左右	12	2280	旷	kuàng	左右	7
2245	鉴	jiàn	上下	13	2281	溃	kuì	左右	12
2246	浆	jiāng	上下	10	2282	愧	kuì	左右	12
2247	浇	jiāo	左右	9	2283	廓	kuò	左上包	13
2248	娇	jiāo	左右	9	2284	辣	là	左右	14

ID	汉字	拼音	结构	笔画	ID	汉字	拼音	结构	笔画
2285	篮	lán	上下	16	2321	萌	méng	上下	11
2286	揽	lǎn	左右	12	2322	盟	méng	上下	13
2287	懒	lǎn	左右	16	2323	谜	mí	左右	11
2288	滥	làn	左右	13	2324	绵	mián	左右	11
2289	狼	láng	左右	10	2325	勉	miǎn	左下包	9
2290	唠	láo	左右	10	2326	渺	miǎo	左右	12
2291	垒	lěi	上下	9	2327	庙	miào	左上包	8
2292	璃	lí	左右	14	2328	蔑	miè	上中下	14
2293	黎	lí	上中下	15	2329	铭	míng	左右	11
2294	隶	lì	独体	8	2330	蘑	mó	上下	19
2295	栗	lì	上下	10	2331	寞	mò	上下	13
2296	粮	liáng	左右	13	2332	谋	móu	左右	11
2297	缭	liáo	左右	15	2333	某	mǒu	上下	9
2298	劣	liè	上下	6	2334	沐	mù	左右	7
2299	猎	liè	左右	11	2335	墓	mù	上下	13
2300	伶	líng	左右	7	2336	睦	mù	左右	13
2301	陵	líng	左右	10	2337	慕	mù	上下	14
2302	榴	liú	左右	14	2338	暮	mù	上下	14
2303	拢	lǒng	左右	8	2339	呐	nà	左右	7
2304	搂	lǒu	左右	12	2340	纳	nà	左右	7
2305	陋	lòu	左右	8	2341	囊	nāng/náng	上中下	22
2306	芦	lú	上下	7	2342	挠	náo	左右	9
2307	鲁	lǔ	上下	12	2343	嫩	nèn	左右	14
2308	侣	lǚ	左右	8	2344	尼	ní	左上包	5
2309	屡	lǚ	左上包	12	2345	拟	nǐ	左右	7
2310	缕	lǚ	左右	12	2346	逆	nì	左下包	9
2311	掠	lüè	左右	11	2347	腻	nì	左右	13
2312	罗	luó	上下	8	2348	酿	niàng	左右	14
2313	锣	luó	左右	13	2349	凝	níng	左右	16
2314	裸	luǒ	左右	13	2350	奴	nú	左右	5
2315	蛮	mán	上下	12	2351	挪	nuó	左右	9
2316	馒	mán	左右	14	2352	诺	nuò	左右	10
2317	貌	mào	左右	14	2353	徘	pái	左右	11
2318	媒	méi	左右	12	2354	攀	pān	上下	19
2319	煤	méi	左右	13	2355	叛	pàn	左右	9
2320	霉	méi	上下	15	2356	螃	páng	左右	16

ID	汉字	拼音	结构	笔画	ID	汉字	拼音	结构	笔画
2357	棚	péng	左右	12	2393	嫂	sǎo	左右	12
2358	蓬	péng	上下	13	2394	涩	sè	左右	10
2359	膨	péng	左右	16	2395	裳	shang	上下	14
2360	辟	pì	左右	13	2396	呻	shēn	左右	8
2361	僻	pì	左右	15	2397	绅	shēn	左右	8
2362	骗	piàn	左右	12	2398	渗	shèn	左右	11
2363	撇	piě/piē	左右	14	2399	绳	shéng	左右	11
2364	萍	píng	上下	11	2400	施	shī	左右	9
2365	仆	pú/pū	左右	4	2401	蚀	shí	左右	9
2366	谱	pǔ	左右	14	2402	侍	shì	左右	8
2367	凄	qī	左右	10	2403	拭	shì	左右	9
2368	戚	qī	左上包	11	2404	逝	shì	左下包	10
2369	漆	qī	左右	14	2405	瘦	shòu	左上包	14
2370	歧	qí	左右	8	2406	抒	shū	左右	7
2371	铅	qiān	左右	10	2407	疏	shū	左右	12
2372	谦	qiān	左右	12	2408	蔬	shū	上下	15
2373	歉	qiàn	左右	14	2409	鼠	shǔ	独体	13
2374	敲	qiāo	左右	14	2410	薯	shǔ	上下	16
2375	乔	qiáo	上下	6	2411	恕	shù	上下	10
2376	俏	qiào	左右	9	2412	衰	shuāi	上中下	10
2377	怯	qiè	左右	8	2413	摔	shuāi	左右	14
2378	寝	qǐn	上下	13	2414	税	shuì	左右	12
2379	蜻	qīng	左右	14	2415	撕	sī	左右	15
2380	顷	qǐng	左右	8	2416	肆	sì	左右	13
2381	躯	qū	左右	11	2417	颂	sòng	左右	10
2382	券	quàn	上下	8	2418	艘	sōu	左右	15
2383	裙	qún	左右	12	2419	酸	suān	左右	14
2384	壤	rǎng	左右	20	2420	蒜	suàn	上下	13
2385	惹	rě	上下	12	2421	遂	suì	左下包	12
2386	刃	rèn	独体	3	2422	穗	suì	左右	17
2387	韧	rèn	左右	7	2423	笋	sǔn	上下	10
2388	绒	róng	左右	9	2424	塌	tā	左右	13
2389	溶	róng	左右	13	2425	踏	tà/tā	左右	15
2390	揉	róu	左右	12	2426	毯	tǎn	左下包	12
2391	锐	ruì	左右	12	2427	塘	táng	左右	13
2392	瑞	ruì	左右	13	2428	膛	táng	左右	15

ID	汉字	拼音	结构	笔画	ID	汉字	拼音	结构	笔画
2429	糖	táng	左右	16	2465	霞	xiá	上下	17
2430	烫	tàng	上下	10	2466	纤	xiān/qiàn	左右	6
2431	趟	tàng	左下包	15	2467	贤	xián	上下	8
2432	踢	tī	左右	15	2468	弦	xián	左右	8
2433	蹄	tí	左右	16	2469	咸	xián	上三包	9
2434	惕	tì	左右	11	2470	嫌	xián	左右	13
2435	舔	tiǎn	左右	14	2471	馅	xiàn	左右	11
2436	帖	tiē/tiè	左右	8	2472	羡	xiàn	上下	12
2437	蜓	tíng	左右	12	2473	巷	xiàng	上下	9
2438	艇	tǐng	左右	12	2474	潇	xiāo	左右	14
2439	铜	tóng	左右	11	2475	嚣	xiāo	上中下	18
2440	捅	tǒng	左右	10	2476	哮	xiào	左右	10
2441	屠	tú	左上包	11	2477	啸	xiào	左右	11
2442	豚	tún	左右	11	2478	歇	xiē	左右	13
2443	妥	tuǒ	上下	7	2479	邪	xié	左右	6
2444	拓	tuò	左右	8	2480	谐	xié	左右	11
2445	袜	wà	左右	10	2481	携	xié	左右	13
2446	挽	wǎn	左右	10	2482	泻	xiè	左右	8
2447	惋	wǎn	左右	11	2483	卸	xiè	左右	9
2448	妄	wàng	上下	6	2484	屑	xiè	左上包	10
2449	旺	wàng	左右	8	2485	懈	xiè	左右	16
2450	惟	wéi	左右	11	2486	蟹	xiè	上下	19
2451	伪	wěi	左右	6	2487	薪	xīn	上下	16
2452	苇	wěi	上下	7	2488	馨	xīn	上下	20
2453	萎	wěi	上下	11	2489	腥	xīng	左右	13
2454	吻	wěn	左右	7	2490	刑	xíng	左右	6
2455	窝	wō	上下	12	2491	汹	xiōng	左右	7
2456	巫	wū	其他	7	2492	熊	xióng	上下	14
2457	勿	wù	独体	4	2493	朽	xiǔ	左右	6
2458	雾	wù	上下	13	2494	绣	xiù	左右	10
2459	昔	xī	上下	8	2495	锈	xiù	左右	12
2460	析	xī	左右	8	2496	墟	xū	左右	14
2461	熄	xī	左右	14	2497	徐	xú	左右	10
2462	隙	xì	左右	12	2498	叙	xù	左右	9
2463	侠	xiá	左右	8	2499	绪	xù	左右	11
2464	暇	xiá	左右	13	2500	絮	xù	上下	12

ID	汉字	拼音	结构	笔画	ID	汉字	拼音	结构	笔画
2501	蓄	xù	上下	13	2537	赢	yíng	上中下	17
2502	喧	xuān	左右	12	2538	颖	yǐng	左右	13
2503	炫	xuàn	左右	9	2539	咏	yǒng	左右	8
2504	绚	xuàn	左右	9	2540	悠	yōu	上下	11
2505	询	xún	左右	8	2541	佑	yòu	左右	7
2506	逊	xùn	左下包	9	2542	淤	yū	左右	11
2507	押	yā	左右	8	2543	娱	yú	左右	10
2508	雅	yǎ	左右	12	2544	愉	yú	左右	12
2509	淹	yān	左右	11	2545	狱	yù	左中右	9
2510	檐	yán	左右	17	2546	御	yù	左右	12
2511	掩	yǎn	左右	11	2547	寓	yù	上下	12
2512	焰	yàn	左右	12	2548	愈	yù	上下	13
2513	燕	yàn	上中下	16	2549	誉	yù	上下	13
2514	秧	yāng	左右	10	2550	豫	yù	左右	15
2515	氧	yǎng	右上包	10	2551	冤	yuān	上下	10
2516	漾	yàng	左右	14	2552	渊	yuān	左右	11
2517	邀	yāo	左下包	16	2553	怨	yuàn	上下	9
2518	谣	yáo	左右	12	2554	孕	yùn	上下	5
2519	窅	yǎo	上下	10	2555	韵	yùn	左右	13
2520	耀	yào	左右	20	2556	蕴	yùn	上下	15
2521	冶	yě	左右	7	2557	葬	zàng	上中下	12
2522	伊	yī	左右	6	2558	糟	zāo	左右	17
2523	仪	yí	左右	5	2559	澡	zǎo	左右	16
2524	怡	yí	左右	8	2560	燥	zào	左右	17
2525	姨	yí	左右	9	2561	躁	zào	左右	20
2526	遗	yí	左下包	12	2562	渣	zhā	左右	12
2527	亦	yì	独体	6	2563	诈	zhà	左右	7
2528	抑	yì	左右	7	2564	榨	zhà	左右	14
2529	疫	yì	左上包	9	2565	寨	zhài	上中下	14
2530	逸	yì	左下包	11	2566	斩	zhǎn	左右	8
2531	溢	yì	左右	13	2567	盏	zhǎn	上下	10
2532	毅	yì	左右	15	2568	彰	zhāng	左右	14
2533	翼	yì	上下	17	2569	赵	zhào	左下包	9
2534	吟	yín	左右	7	2570	罩	zhào	上下	13
2535	瘾	yǐn	左上包	16	2571	遮	zhē	左下包	14
2536	蝇	yíng	左右	14	2572	哲	zhé	上下	10

ID	汉字	拼音	结构	笔画	ID	汉字	拼音	结构	笔画
2573	侦	zhēn	左右	8	2607	褒	bāo	上中下	15
2574	筝	zhēng	上下	12	2608	雹	báo	上下	13
2575	蒸	zhēng	上下	13	2609	曝	bào	左右	19
2576	拯	zhěng	左右	9	2610	悖	bèi	左右	10
2577	郑	zhèng	左右	8	2611	匕	bǐ	独体	2
2578	症	zhèng/zhēng	左上包	10	2612	鄙	bǐ	左右	13
2579	脂	zhī	左右	10	2613	庇	bì	左上包	7
2580	职	zhí	左右	11	2614	贬	biǎn	左右	8
2581	旨	zhǐ	上下	6	2615	彬	bīn	左右	11
2582	秩	zhì	左右	10	2616	斌	bīn	左右	12
2583	稚	zhì	左右	13	2617	丙	bǐng	独体	5
2584	衷	zhōng	上中下	10	2618	秉	bǐng	独体	8
2585	粥	zhōu	左中右	12	2619	禀	bǐng	上中下	13
2586	轴	zhóu	左右	9	2620	勃	bó	左右	9
2587	咒	zhòu	上下	8	2621	睬	cǎi	左右	13
2588	昼	zhòu	上下	9	2622	蹭	cèng	左右	19
2589	骤	zhòu	左右	17	2623	岔	chà	上下	7
2590	诸	zhū	左右	10	2624	禅	chán/shàn	左右	12
2591	煮	zhǔ	上下	12	2625	阐	chǎn	上三包	11
2592	铸	zhù	左右	12	2626	猖	chāng	左右	11
2593	幢	zhuàng	左右	15	2627	澄	chéng/dèng	左右	15
2594	缀	zhuì	左右	11	2628	逞	chěng	左下包	10
2595	浊	zhuó	左右	9	2629	筹	chóu	上下	13
2596	宗	zōng	上下	8	2630	雏	chú	左右	13
2597	棕	zōng	左右	12	2631	揣	chuāi/chuǎi	左右	12
2598	踪	zōng	左右	15	2632	捶	chuí	左右	11
2599	卒	zú	上中下	8	2633	淳	chún	左右	11
2600	遵	zūn	左下包	15	2634	醇	chún	左右	15
					2635	戳	chuō	左右	18

6级

ID	汉字	拼音	结构	笔画	ID	汉字	拼音	结构	笔画
2601	隘	ài	左右	12	2636	祠	cí	左右	9
2602	凹	āo	独体	5	2637	瓷	cí	上下	10
2603	澳	ào	左右	15	2638	雌	cí	左右	14
2604	跋	bá	左右	12	2639	伺	cì/sì	左右	7
2605	拌	bàn	左右	8	2640	悴	cuì	左右	11
2606	邦	bāng	左右	6	2641	粹	cuì	左右	14

ID	汉字	拼音	结构	笔画	ID	汉字	拼音	结构	笔画
2642	贷	dài	上下	9	2678	酣	hān	左右	12
2643	怠	dài	上下	9	2679	憨	hān	上下	15
2644	祷	dǎo	左右	11	2680	函	hán	下三包	8
2645	悼	dào	左右	11	2681	涵	hán	左右	11
2646	蹬	dēng	左右	19	2682	罕	hǎn	上下	7
2647	缔	dì	左右	12	2683	捍	hàn	左右	10
2648	惦	diàn	左右	11	2684	悍	hàn	左右	10
2649	迭	dié	左下包	8	2685	憾	hàn	左右	16
2650	谍	dié	左右	11	2686	皓	hào	左右	12
2651	痘	dòu	左上包	12	2687	弘	hóng	左右	5
2652	兑	duì	上下	7	2688	鸿	hóng	左右	11
2653	敦	dūn	左右	12	2689	弧	hú	左右	8
2654	咄	duō	左右	8	2690	涣	huàn	左右	10
2655	舵	duò	左右	11	2691	痪	huàn	左上包	12
2656	堕	duò	上下	11	2692	惶	huáng	左右	12
2657	跺	duò	左右	13	2693	卉	huì	上下	5
2658	讹	é	左右	6	2694	讳	huì	左右	6
2659	俄	é	左右	9	2695	诲	huì	左右	9
2660	扼	è	左右	7	2696	贿	huì	左右	10
2661	遏	è	左下包	12	2697	晦	huì	左右	11
2662	噩	è	其他	16	2698	荤	hūn	上下	9
2663	饵	ěr	左右	9	2699	豁	huō/huò	左右	17
2664	阀	fá	上三包	9	2700	缉	jī	左右	12
2665	诽	fěi	左右	10	2701	稽	jī	左右	15
2666	忿	fèn	上下	8	2702	辑	jí	左右	13
2667	敷	fū	左右	15	2703	藉	jí/jiè	上下	17
2668	甫	fǔ	独体	7	2704	祭	jì	上下	11
2669	赋	fù	左右	12	2705	嘉	jiā	上中下	14
2670	庚	gēng	左上包	8	2706	歼	jiān	左右	7
2671	耿	gěng	左右	10	2707	僵	jiāng	左右	15
2672	梗	gěng	左右	11	2708	疆	jiāng	左右	19
2673	沽	gū	左右	8	2709	酱	jiàng	上下	13
2674	寡	guǎ	上下	14	2710	侥	jiǎo	左右	8
2675	闺	guī	上三包	9	2711	缴	jiǎo	左右	16
2676	癸	guǐ	上下	9	2712	酵	jiào	左右	14
2677	亥	hài	独体	6	2713	诫	jiè	左右	9

ID	汉字	拼音	结构	笔画	ID	汉字	拼音	结构	笔画
2714	襟	jīn	左右	18	2751	骆	luò	左右	9
2715	窘	jiǒng	上下	12	2752	曼	màn	上中下	11
2716	臼	jiù	独体	6	2753	莽	mǎng	上中下	10
2717	眷	juàn	上下	11	2754	卯	mǎo	左右	5
2718	崛	jué	左右	11	2755	贸	mào	上下	9
2719	钧	jūn	左右	9	2756	昧	mèi	左右	9
2720	竣	jùn	左右	12	2757	孟	mèng	上下	8
2721	勘	kān	左右	11	2758	弥	mí	左右	8
2722	亢	kàng	上下	4	2759	皿	mǐn	独体	5
2723	叩	kòu	左右	5	2760	谬	miù	左右	13
2724	窥	kuī	上下	13	2761	摹	mó	上下	14
2725	葵	kuí	上下	12	2762	募	mù	上下	12
2726	馈	kuì	左右	12	2763	馁	něi	左右	10
2727	喇	lǎ	左右	11	2764	匿	nì	左三包	10
2728	婪	lán	上下	11	2765	溺	nì	左右	13
2729	涝	lào	左右	10	2766	狞	níng	左右	8
2730	廉	lián	左上包	13	2767	柠	níng	左右	9
2731	敛	liǎn	左右	11	2768	泞	nìng	左右	8
2732	寥	liáo	上下	14	2769	虐	nüè	左上包	9
2733	嘹	liáo	左右	15	2770	糯	nuò	左右	20
2734	拎	līn	左右	8	2771	欧	ōu	左右	8
2735	凛	lǐn	左右	15	2772	刨	páo/bào	左右	7
2736	赁	lìn	上下	10	2773	袍	páo	左右	10
2737	躏	lìn	左右	21	2774	澎	péng	左右	15
2738	聆	líng	左右	11	2775	翩	piān	左右	15
2739	浏	liú	左右	9	2776	聘	pìn	左右	13
2740	卤	lǔ	独体	7	2777	剖	pōu	左右	10
2741	赂	lù	左右	10	2778	脯	pú	左右	11
2742	鹿	lù	左上包	11	2779	祈	qí	左右	8
2743	禄	lù	左右	12	2780	契	qì	上下	9
2744	驴	lú	左右	7	2781	洽	qià	左右	9
2745	履	lǚ	左上包	15	2782	遣	qiǎn	左下包	13
2746	滤	lù	左右	13	2783	憔	qiáo	左右	15
2747	峦	luán	上下	9	2784	窍	qiào	上下	10
2748	伦	lún	左右	6	2785	秦	qín	上下	10
2749	沦	lún	左右	7	2786	沁	qìn	左右	7
2750	螺	luó	左右	17	2787	岖	qū	左右	7

ID	汉字	拼音	结构	笔画	ID	汉字	拼音	结构	笔画
2788	趋	qū	左下包	12	2825	隧	suì	左右	14
2789	娶	qǔ	上下	11	2826	唆	suō	左右	10
2790	痊	quán	左上包	11	2827	琐	suǒ	左右	11
2791	雀	què	上下	11	2828	蹋	tà	左右	17
2792	鹊	què	左右	13	2829	泰	tài	上下	10
2793	壬	rén	独体	4	2830	瘫	tān	左上包	15
2794	戎	róng	右上包	6	2831	碳	tàn	左右	14
2795	熔	róng	左右	14	2832	誊	téng	上下	13
2796	冗	rǒng	上下	4	2833	迢	tiáo	左下包	8
2797	儒	rú	左右	16	2834	廷	tíng	左下包	6
2798	闰	rùn	上三包	7	2835	凸	tū	独体	5
2799	臊	sāo/sào	左右	17	2836	颓	tuí	左右	13
2800	瑟	sè	上下	13	2837	蜕	tuì	左右	13
2801	刹	shā/chà	左右	8	2838	褪	tuì	左右	14
2802	霎	shà	上下	16	2839	屯	tún	独体	4
2803	删	shān	左右	7	2840	驮	tuó	左右	6
2804	煽	shān	左右	14	2841	驼	tuó	左右	8
2805	擅	shàn	左右	16	2842	椭	tuǒ	左右	12
2806	赡	shàn	左右	17	2843	枉	wǎng	左右	8
2807	捎	shāo	左右	10	2844	偎	wēi	左右	11
2808	奢	shē	上下	11	2845	纬	wěi	左右	7
2809	涉	shè	左右	10	2846	尉	wèi	左右	11
2810	赦	shè	左右	11	2847	蔚	wèi	上下	14
2811	肾	shèn	上下	8	2848	瘟	wēn	左上包	14
2812	慎	shèn	左右	13	2849	紊	wěn	上下	10
2813	矢	shǐ	独体	5	2850	诬	wū	左右	9
2814	赎	shú	左右	12	2851	吾	wú	上下	7
2815	署	shǔ	上下	13	2852	戊	wù	独体	5
2816	曙	shǔ	左右	17	2853	熙	xī	上下	14
2817	漱	shù	左右	14	2854	徙	xǐ	左右	11
2818	涮	shuàn	左右	11	2855	匣	xiá	左三包	7
2819	吮	shǔn	左右	7	2856	辖	xiá	左右	14
2820	硕	shuò	左右	11	2857	宪	xiàn	上下	9
2821	巳	sì	独体	3	2858	腺	xiàn	左右	13
2822	祀	sì	左右	7	2859	萧	xiāo	上下	11
2823	耸	sǒng	上下	10	2860	硝	xiāo	左右	12
2824	溯	sù	左右	13	2861	霄	xiāo	上下	15

ID	汉字	拼音	结构	笔画	ID	汉字	拼音	结构	笔画
2862	淆	xiáo	左右	11	2897	赃	zāng	左右	10
2863	挟	xié	左右	9	2898	凿	záo	上下	12
2864	戌	xū	上三包	6	2899	枣	zǎo	上下	8
2865	旭	xù	左下包	6	2900	灶	zào	左右	7
2866	恤	xù	左右	9	2901	噪	zào	左右	16
2867	酗	xù	左右	11	2902	憎	zēng	左右	15
2868	玄	xuán	上下	5	2903	闸	zhá	上三包	8
2869	渲	xuàn	左右	12	2904	乍	zhà	独体	5
2870	勋	xūn	左右	9	2905	债	zhài	左右	10
2871	熏	xūn	上下	14	2906	辗	zhǎn	左右	14
2872	旬	xún	右上包	6	2907	昭	zhāo	左右	9
2873	汛	xùn	左右	6	2908	兆	zhào	左右	6
2874	殉	xùn	左右	10	2909	辙	zhé	左右	16
2875	衍	yǎn	左中右	9	2910	贞	zhēn	上下	6
2876	谚	yàn	左右	11	2911	疹	zhěn	左上包	10
2877	尧	yáo	上下	6	2912	怔	zhēng	左右	8
2878	肴	yáo	上下	8	2913	狰	zhēng	左右	9
2879	贻	yí	左右	9	2914	蜘	zhī	左右	14
2880	矣	yǐ	上下	7	2915	侄	zhí	左右	8
2881	屹	yì	左右	6	2916	挚	zhì	上下	10
2882	役	yì	左右	7	2917	滞	zhì	左右	12
2883	寅	yín	上下	11	2918	仲	zhòng	左右	6
2884	樱	yīng	左右	15	2919	蛛	zhū	左右	12
2885	荧	yíng	上中下	9	2920	拄	zhǔ	左右	8
2886	佣	yōng	左右	7	2921	瞩	zhǔ	左右	17
2887	庸	yōng	左上包	11	2922	贮	zhù	左右	8
2888	踊	yǒng	左右	14	2923	驻	zhù	左右	8
2889	酉	yǒu	独体	7	2924	拽	zhuài	左右	9
2890	迂	yū	左下包	6	2925	撰	zhuàn	左右	15
2891	苑	yuàn	上下	8	2926	谆	zhūn	左右	10
2892	曰	yuē	独体	4	2927	茁	zhuó	上下	8
2893	岳	yuè	上下	8	2928	卓	zhuó	上下	8
2894	耘	yún	左右	10	2929	酌	zhuó	左右	10
2895	酝	yùn	左右	11	2930	琢	zuó/zhuó	左右	12
2896	咋	zǎ	左右	8					

汉字音序排列表

ID	汉字	拼音	认读级别	书写级别	结构	笔画
1	阿	ā/ē	1	1	左右	7
2	啊	ā/á/ǎ/à/a	1	1	左右	10
3	哎	āi	2	2	左右	8
4	哀	āi	4	4	上中下	9
5	唉	āi/ài	2	3	左右	10
6	挨	ái/āi	3	4	左右	10
7	癌	ái	5	5	左上包	17
8	矮	ǎi	2	5	左右	13
9	蔼	ǎi	5	5	上下	14
10	爱	ài	1	2	上中下	10
11	隘	ài	6	6	左右	12
12	碍	ài	4	4	左右	13
13	安	ān	2	2	上下	6
14	岸	àn	2	2	上下	8
15	按	àn	2	2	左右	9
16	案	àn	2	2	上下	10
17	暗	àn	2	2	左右	13
18	黯	àn	5	5	左右	21
19	昂	áng	4	4	上下	8
20	凹	āo	6	6	独体	5
21	熬	āo/áo	4	5	上下	14
22	傲	ào	2	4	左右	12
23	奥	ào	4	4	上下	12
24	澳	ào	6	6	左右	15
25	八	bā	1	1	独体	2
26	巴	bā	1	1	独体	4
27	扒	bā	3	3	左右	5
28	叭	bā	2	2	左右	5
29	疤	bā	3	5	左上包	9
30	拔	bá	2	3	左右	8
31	跋	bá	6	6	左右	12
32	把	bǎ/bà	1	1	左右	7
33	坝	bà	5	5	左右	7

ID	汉字	拼音	认读级别	书写级别	结构	笔画
34	爸	bà	1	3	上下	8
35	罢	bà	4	4	上下	10
36	霸	bà	5	5	上下	21
37	吧	ba/bā	1	1	左右	7
38	白	bái	1	1	独体	5
39	百	bǎi	2	2	独体	6
40	柏	bǎi	4	4	左右	9
41	摆	bǎi	3	4	左右	13
42	败	bài	2	2	左右	8
43	拜	bài	2	3	左右	9
44	班	bān	1	3	左中右	10
45	般	bān	3	3	左右	10
46	颁	bān	4	4	左右	10
47	斑	bān	3	5	左中右	12
48	搬	bān	2	4	左右	13
49	板	bǎn	2	2	左右	8
50	版	bǎn	4	4	左右	8
51	办	bàn	1	1	独体	4
52	半	bàn	1	1	独体	5
53	扮	bàn	2	2	左右	7
54	伴	bàn	2	2	左右	7
55	拌	bàn	6	6	左右	8
56	绊	bàn	3	4	左右	8
57	瓣	bàn	3	5	左中右	19
58	邦	bāng	6	6	左右	6
59	帮	bāng	1	2	上下	9
60	绑	bǎng	2	5	左右	9
61	榜	bǎng	4	4	左右	14
62	膀	bǎng	2	3	左右	14
63	棒	bàng	2	3	左右	12
64	傍	bàng	2	3	左右	12
65	磅	bàng/páng	5	5	左右	15
66	包	bāo	1	1	右上包	5
67	胞	bāo	3	3	左右	9
68	褒	bāo	6	6	上中下	15
69	雹	báo	6	6	上下	13

ID	汉字	拼音	认读级别	书写级别	结构	笔画
70	薄	báo/bò/bó	2	3	上下	16
71	饱	bǎo	1	3	左右	8
72	宝	bǎo	1	1	上下	8
73	保	bǎo	2	2	左右	9
74	堡	bǎo	4	4	左右	12
75	报	bào	2	2	左右	7
76	抱	bào	1	1	左右	8
77	豹	bào	4	5	左右	10
78	暴	bào	3	3	上中下	15
79	曝	bào	6	6	左右	19
80	爆	bào	2	5	左右	19
81	杯	bēi	1	1	左右	8
82	卑	bēi	5	5	上下	8
83	背	bēi/bèi	1	1	上下	9
84	悲	bēi	4	4	上下	12
85	碑	bēi	4	4	左右	13
86	北	běi	1	1	左右	5
87	贝	bèi	1	1	独体	4
88	备	bèi	2	2	上下	8
89	倍	bèi	4	4	左右	10
90	悖	bèi	6	6	左右	10
91	被	bèi	1	3	左右	10
92	辈	bèi	4	4	上下	12
93	惫	bèi	5	5	上下	12
94	臂	bei/bì	2	4	上下	17
95	奔	bēn/bèn	3	3	上下	8
96	本	běn	1	1	独体	5
97	笨	bèn	1	4	上下	11
98	崩	bēng	5	5	上下	11
99	绷	bēng/běng	5	5	左右	11
100	蹦	bèng	2	5	左右	18
101	逼	bī	3	4	左下包	12
102	鼻	bí	2	4	上中下	14
103	匕	bǐ	6	6	独体	2
104	比	bǐ	1	1	左右	4
105	彼	bǐ	4	4	左右	8

ID	汉字	拼音	认读级别	书写级别	结构	笔画
106	笔	bǐ	1	2	上下	10
107	鄙	bǐ	6	6	左右	13
108	币	bì	3	3	上下	4
109	必	bì	2	2	独体	5
110	毕	bì	4	4	上下	6
111	闭	bì	2	2	上三包	6
112	庇	bì	6	6	左上包	7
113	碧	bì	3	4	上下	14
114	蔽	bì	5	5	上下	14
115	弊	bì	3	5	上下	14
116	壁	bì	3	3	上下	16
117	避	bì	3	4	左下包	16
118	边	biān	1	1	左下包	5
119	编	biān	3	4	左右	12
120	鞭	biān	3	5	左右	18
121	贬	biǎn	6	6	左右	8
122	扁	biǎn	3	4	左上包	9
123	变	biàn	1	1	上下	8
124	便	biàn/pián	2	2	左右	9
125	遍	biàn	3	4	左下包	12
126	辨	biàn	4	4	左中右	16
127	辩	biàn	4	4	左中右	16
128	辫	biàn	3	5	左中右	17
129	标	biāo	2	2	左右	9
130	表	biǎo	2	2	上下	8
131	别	bié/biè	1	1	左右	7
132	宾	bīn	3	3	上下	10
133	彬	bīn	6	6	左右	11
134	斌	bīn	6	6	左右	12
135	滨	bīn	4	4	左右	13
136	缤	bīn	3	5	左右	13
137	冰	bīng	1	1	左右	6
138	兵	bīng	3	3	上下	7
139	丙	bǐng	6	6	独体	5
140	秉	bǐng	6	6	独体	8
141	柄	bǐng	5	5	左右	9

ID	汉字	拼音	认读级别	书写级别	结构	笔画
142	饼	bǐng	1	4	左右	9
143	禀	bǐng	6	6	上中下	13
144	并	bìng	2	2	上下	6
145	病	bìng	1	3	左上包	10
146	拨	bō	3	3	左右	8
147	波	bō	3	3	左右	8
148	玻	bō	2	4	左右	9
149	剥	bō/bāo	3	5	左右	10
150	播	bō	3	4	左右	15
151	伯	bó	2	2	左右	7
152	驳	bó	5	5	左右	7
153	勃	bó	6	6	左右	9
154	脖	bó	2	4	左右	11
155	博	bó	3	3	左右	12
156	搏	bó	4	5	左右	13
157	膊	bó	2	4	左右	14
158	卜	bo/bǔ	2	2	独体	2
159	补	bǔ	3	3	左右	7
160	捕	bǔ	3	3	左右	10
161	不	bù	1	1	独体	4
162	布	bù	1	1	左上包	5
163	步	bù	2	2	上下	7
164	怖	bù	4	4	左右	8
165	部	bù	2	3	左右	10
166	擦	cā	2	5	左右	17
167	猜	cāi	1	3	左右	11
168	才	cái	1	1	独体	3
169	材	cái	3	3	左右	7
170	财	cái	3	3	左右	7
171	裁	cái	2	4	右上包	12
172	采	cǎi	1	1	上下	8
173	彩	cǎi	1	2	左右	11
174	睬	cǎi	6	6	左右	13
175	踩	cǎi	2	5	左右	15
176	菜	cài	1	1	上下	11
177	参	cān/shēn	1	3	上中下	8

ID	汉字	拼音	认读级别	书写级别	结构	笔画
178	餐	cān	2	5	上下	16
179	残	cán	3	3	左右	9
180	蚕	cán	4	4	上下	10
181	惭	cán	3	5	左右	11
182	惨	cǎn	4	4	左右	11
183	灿	càn	3	3	左右	7
184	仓	cāng	3	3	上下	4
185	苍	cāng	2	2	上下	7
186	舱	cāng	5	5	左右	10
187	藏	cáng/zàng	2	3	上下	17
188	操	cāo	2	4	左右	16
189	槽	cáo	5	5	左右	15
190	草	cǎo	1	1	上下	9
191	册	cè	2	2	独体	5
192	厕	cè	2	3	左上包	8
193	侧	cè	3	3	左右	8
194	测	cè	3	3	左右	9
195	策	cè	5	5	上下	12
196	层	céng	2	2	左上包	7
197	曾	céng/zēng	4	4	上中下	12
198	蹭	cèng	6	6	左右	19
199	叉	chā/chà	2	2	独体	3
200	插	chā	2	4	左右	12
201	茶	chá	2	3	上下	9
202	查	chá/zhā	2	2	上下	9
203	察	chá	2	4	上下	14
204	岔	chà	6	6	上下	7
205	差	chà/chā/chāi/cī	2	2	左上包	9
206	拆	chāi	2	3	左右	8
207	柴	chái	4	4	上下	10
208	馋	chán	3	5	左右	12
209	禅	chán/shàn	6	6	左右	12
210	缠	chán	3	5	左右	13
211	产	chǎn	3	3	独体	6
212	铲	chǎn	3	5	左右	11
213	阐	chǎn	6	6	上三包	11

ID	汉字	拼音	认读级别	书写级别	结构	笔画
214	颤	chàn/zhàn	4	4	左右	19
215	猖	chāng	6	6	左右	11
216	长	cháng/zhǎng	1	2	独体	4
217	肠	cháng	2	2	左右	7
218	尝	cháng	2	3	上下	9
219	常	cháng	1	2	上下	11
220	偿	cháng	4	4	左右	11
221	厂	chǎng	1	1	独体	2
222	场	chǎng/cháng	2	2	左右	6
223	敞	chǎng	3	5	左右	12
224	畅	chàng	5	5	左右	8
225	倡	chàng	5	5	左右	10
226	唱	chàng	1	1	左右	11
227	抄	chāo	2	2	左右	7
228	超	chāo	2	3	左下包	12
229	朝	cháo/zhāo	2	2	左右	12
230	嘲	cháo	3	3	左右	15
231	潮	cháo	3	3	左右	15
232	吵	chǎo	1	1	左右	7
233	炒	chǎo	2	3	左右	8
234	车	chē	1	1	独体	4
235	扯	chě	3	3	左右	7
236	彻	chè	4	4	左右	7
237	撤	chè	5	5	左右	15
238	臣	chén	3	3	独体	6
239	尘	chén	2	2	上下	6
240	辰	chén	5	5	左上包	7
241	沉	chén	2	2	左右	7
242	陈	chén	2	2	左右	7
243	晨	chén	2	2	上下	11
244	衬	chèn	3	3	左右	8
245	趁	chèn	3	4	左下包	12
246	称	chēng/chèn	2	3	左右	10
247	撑	chēng	3	4	左右	15
248	成	chéng	1	2	上三包	6
249	呈	chéng	4	4	上下	7

ID	汉字	拼音	认读级别	书写级别	结构	笔画
250	诚	chéng	2	2	左右	8
251	承	chéng	3	3	独体	8
252	城	chéng	2	2	左右	9
253	乘	chéng	3	3	其他	10
254	盛	chéng/shèng	2	4	上下	11
255	程	chéng	3	3	左右	12
256	惩	chéng	3	3	上下	12
257	澄	chéng/dèng	6	6	左右	15
258	橙	chéng	2	5	左右	16
259	逞	chěng	6	6	左下包	10
260	吃	chī	1	1	左右	6
261	痴	chī	4	4	左上包	13
262	池	chí	1	1	左右	6
263	驰	chí	4	4	左右	6
264	迟	chí	1	3	左下包	7
265	持	chí	3	3	左右	9
266	尺	chǐ	1	1	独体	4
267	齿	chǐ	1	3	上下	8
268	耻	chǐ	4	4	左右	10
269	斥	chì	4	4	独体	5
270	赤	chì	3	3	上下	7
271	翅	chì	2	5	左下包	10
272	冲	chōng/chòng	1	1	左右	6
273	充	chōng	2	2	上下	6
274	虫	chóng	1	1	独体	6
275	崇	chóng	4	4	上下	11
276	宠	chǒng	2	3	上下	8
277	抽	chōu	2	2	左右	8
278	仇	chóu	4	4	左右	4
279	绸	chóu	5	5	左右	11
280	酬	chóu	5	5	左右	13
281	稠	chóu	5	5	左右	13
282	愁	chóu	3	3	上下	13
283	筹	chóu	6	6	上下	13
284	丑	chǒu	1	1	独体	4
285	臭	chòu	2	3	上下	10

ID	汉字	拼音	认读级别	书写级别	结构	笔画
286	出	chū	1	1	独体	5
287	初	chū	2	2	左右	7
288	除	chú	3	3	左右	9
289	厨	chú	2	3	左上包	12
290	锄	chú	5	5	左右	12
291	雏	chú	6	6	左右	13
292	础	chǔ	4	4	左右	10
293	储	chǔ	4	4	左右	12
294	楚	chǔ	3	4	上下	13
295	处	chù/chǔ	1	1	左下包	5
296	畜	chù/xù	5	5	上下	10
297	触	chù	3	3	左右	13
298	揣	chuāi/chuǎi	6	6	左右	12
299	川	chuān	2	2	独体	3
300	穿	chuān	1	2	上下	9
301	传	chuán/zhuàn	2	2	左右	6
302	船	chuán	1	4	左右	11
303	喘	chuǎn	3	3	左右	12
304	串	chuàn	2	2	独体	7
305	疮	chuāng	5	5	左上包	9
306	窗	chuāng	2	4	上下	12
307	床	chuáng	1	1	左上包	7
308	闯	chuǎng	4	4	上三包	6
309	创	chuàng/chuāng	2	3	左右	6
310	吹	chuī	1	1	左右	7
311	炊	chuī	5	5	左右	8
312	垂	chuí	4	4	独体	8
313	捶	chuí	6	6	左右	11
314	锤	chuí	3	5	左右	13
315	春	chūn	1	1	上下	9
316	纯	chún	3	3	左右	7
317	唇	chún	3	3	左上包	10
318	淳	chún	6	6	左右	11
319	醇	chún	6	6	左右	15
320	蠢	chǔn	4	5	上下	21
321	戳	chuō	6	6	左右	18

ID	汉字	拼音	认读级别	书写级别	结构	笔画
322	词	cí	2	2	左右	7
323	祠	cí	6	6	左右	9
324	瓷	cí	6	6	上下	10
325	辞	cí	4	4	左右	13
326	慈	cí	4	4	上下	13
327	磁	cí	5	5	左右	14
328	雌	cí	6	6	左右	14
329	此	cǐ	3	3	左右	6
330	次	cì	1	1	左右	6
331	伺	cì/sì	6	6	左右	7
332	刺	cì/cī	2	3	左右	8
333	赐	cì	5	5	左右	12
334	匆	cōng	3	3	独体	5
335	葱	cōng	2	5	上下	12
336	聪	cōng	2	4	左右	15
337	从	cóng	1	1	左右	4
338	丛	cóng	3	3	上下	5
339	凑	còu	4	4	左右	11
340	粗	cū	1	3	左右	11
341	促	cù	4	4	左右	9
342	醋	cù	2	5	左右	15
343	窜	cuàn	5	5	上下	12
344	催	cuī	3	4	左右	13
345	摧	cuī	5	5	左右	14
346	脆	cuì	3	3	左右	10
347	悴	cuì	6	6	左右	11
348	粹	cuì	6	6	左右	14
349	翠	cuì	3	4	上下	14
350	村	cūn	2	2	左右	7
351	存	cún	3	3	左上包	6
352	寸	cùn	4	4	独体	3
353	挫	cuò	5	5	左右	10
354	措	cuò	4	4	左右	11
355	错	cuò	1	3	左右	13
356	搭	dā	3	4	左右	12
357	达	dá	3	3	左下包	6

ID	汉字	拼音	认读级别	书写级别	结构	笔画
358	答	dá/dā	1	2	上下	12
359	打	dǎ	1	1	左右	5
360	大	dà/dài	1	1	独体	3
361	呆	dāi	3	3	上下	7
362	待	dāi/dài	3	3	左右	9
363	歹	dǎi	4	4	独体	4
364	逮	dǎi/dài	3	5	左下包	11
365	代	dài	3	3	左右	5
366	带	dài	2	2	上中下	9
367	贷	dài	6	6	上下	9
368	怠	dài	6	6	上下	9
369	袋	dài	2	4	上下	11
370	戴	dài	2	5	右上包	17
371	丹	dān	4	4	独体	4
372	担	dān/dàn	3	3	左右	8
373	单	dān	2	2	上下	8
374	耽	dān	3	5	左右	10
375	胆	dǎn	3	3	左右	9
376	旦	dàn	3	3	上下	5
377	但	dàn	2	2	左右	7
378	诞	dàn	2	4	左右	8
379	淡	dàn	3	3	左右	11
380	蛋	dàn	1	3	上下	11
381	当	dāng/dàng	1	1	上下	6
382	挡	dǎng	2	3	左右	9
383	党	dǎng	5	5	上下	10
384	荡	dàng	3	3	上下	9
385	档	dàng	5	5	左右	10
386	刀	dāo	1	1	独体	2
387	叨	dāo	4	4	左右	5
388	导	dǎo	3	3	上下	6
389	岛	dǎo	2	3	右上包	7
390	捣	dǎo	4	5	左右	10
391	倒	dǎo/dào	2	2	左右	10
392	祷	dǎo	6	6	左右	11
393	蹈	dǎo	2	5	左右	17

ID	汉字	拼音	认读级别	书写级别	结构	笔画
394	到	dào	1	2	左右	8
395	盗	dào	4	4	上下	11
396	悼	dào	6	6	左右	11
397	道	dào	1	1	左下包	12
398	稻	dào	4	5	左右	15
399	德	dé	4	4	左右	15
400	的	de/dī/dí/dì	1	1	左右	8
401	得	de/dé/děi	1	3	左右	11
402	灯	dēng	1	1	左右	6
403	登	dēng	3	3	上下	12
404	蹬	dēng	6	6	左右	19
405	等	děng	1	3	上下	12
406	凳	dèng	2	5	上下	14
407	低	dī	1	2	左右	7
408	堤	dī	5	5	左右	12
409	滴	dī	2	4	左右	14
410	敌	dí	2	2	左右	10
411	笛	dí	2	3	上下	11
412	抵	dǐ	5	5	左右	8
413	底	dǐ	2	2	左上包	8
414	地	dì/de	1	1	左右	6
415	弟	dì	1	1	独体	7
416	帝	dì	4	4	上下	9
417	递	dì	3	3	左下包	10
418	第	dì	2	3	上下	11
419	缔	dì	6	6	左右	12
420	颠	diān	4	4	左右	16
421	典	diǎn	2	2	上下	8
422	点	diǎn	1	1	上下	9
423	电	diàn	1	1	独体	5
424	店	diàn	1	1	左上包	8
425	垫	diàn	3	3	上下	9
426	惦	diàn	6	6	左右	11
427	殿	diàn	5	5	左右	13
428	刁	diāo	4	4	独体	2
429	叼	diāo	3	3	左右	5

ID	汉字	拼音	认读级别	书写级别	结构	笔画
430	雕	diāo	5	5	左右	16
431	吊	diào	3	3	上下	6
432	钓	diào	2	3	左右	8
433	掉	diào	1	3	左右	11
434	爹	diē	4	4	上下	10
435	跌	diē	2	4	左右	12
436	迭	dié	6	6	左下包	8
437	谍	dié	6	6	左右	11
438	叠	dié	2	5	上中下	13
439	碟	dié	2	5	左右	14
440	蝶	dié	3	4	左右	15
441	丁	dīng	1	1	独体	2
442	盯	dīng	2	2	左右	7
443	钉	dīng/dìng	2	2	左右	7
444	顶	dǐng	2	2	左右	8
445	订	dìng	3	3	左右	4
446	定	dìng	1	2	上下	8
447	丢	diū	1	1	上下	6
448	东	dōng	1	1	独体	5
449	冬	dōng	1	2	上下	5
450	董	dǒng	4	4	上下	12
451	懂	dǒng	2	4	左右	15
452	动	dòng	1	1	左右	6
453	冻	dòng	2	2	左右	7
454	栋	dòng	3	3	左右	9
455	洞	dòng	1	1	左右	9
456	都	dōu/dū	1	2	左右	10
457	抖	dǒu	2	2	左右	7
458	陡	dǒu	3	3	左右	9
459	蚪	dǒu	3	5	左右	10
460	斗	dòu/dǒu	1	1	独体	4
461	豆	dòu	2	2	上下	7
462	逗	dòu	3	4	左下包	10
463	痘	dòu	6	6	左上包	12
464	督	dū	5	5	上下	13
465	毒	dú	4	4	上下	9

ID	汉字	拼音	认读级别	书写级别	结构	笔画
466	独	dú	3	3	左右	9
467	读	dú	1	1	左右	10
468	堵	dǔ	3	4	左右	11
469	赌	dǔ	4	4	左右	12
470	睹	dǔ	5	5	左右	13
471	杜	dù	5	5	左右	7
472	肚	dù	1	1	左右	7
473	妒	dù	4	4	左右	7
474	度	dù/duó	3	3	左上包	9
475	渡	dù	5	5	左右	12
476	端	duān	2	4	左右	14
477	短	duǎn	2	3	左右	12
478	段	duàn	3	3	左右	9
479	断	duàn	3	3	左右	11
480	锻	duàn	4	5	左右	14
481	堆	duī	2	3	左右	11
482	队	duì	1	1	左右	4
483	对	duì	1	1	左右	5
484	兑	duì	6	6	上下	7
485	吨	dūn	4	4	左右	7
486	敦	dūn	6	6	左右	12
487	蹲	dūn	2	5	左右	19
488	盾	dùn	4	4	左上包	9
489	顿	dùn	2	3	左右	10
490	多	duō	1	1	上下	6
491	咄	duō	6	6	左右	8
492	哆	duō	2	3	左右	9
493	夺	duó	3	3	上下	6
494	朵	duǒ	1	1	上下	6
495	躲	duǒ	2	4	左右	13
496	舵	duò	6	6	左右	11
497	堕	duò	6	6	上下	11
498	惰	duò	4	5	左右	12
499	跺	duò	6	6	左右	13
500	讹	é	6	6	左右	6
501	俄	é	6	6	左右	9

ID	汉字	拼音	认读级别	书写级别	结构	笔画
502	鹅	é	2	5	左右	12
503	额	é	4	4	左右	15
504	扼	è	6	6	左右	7
505	恶	è/ě/wù	3	3	上下	10
506	饿	è	1	4	左右	10
507	遏	è	6	6	左下包	12
508	噩	è	6	6	其他	16
509	恩	ēn	4	4	上下	10
510	儿	ér	1	1	独体	2
511	而	ér	2	2	独体	6
512	尔	ěr	4	4	上下	5
513	耳	ěr	1	2	独体	6
514	饵	ěr	6	6	左右	9
515	二	èr	1	1	独体	2
516	发	fā/fà	1	1	左上包	5
517	乏	fá	5	5	上下	4
518	伐	fá	4	4	左右	6
519	罚	fá	2	3	上下	9
520	阀	fá	6	6	上三包	9
521	法	fǎ	1	1	左右	8
522	帆	fān	2	3	左右	6
523	番	fān	2	3	上下	12
524	翻	fān	2	4	左右	18
525	凡	fán	4	4	独体	3
526	烦	fán	2	2	左右	10
527	繁	fán	3	5	上下	17
528	反	fǎn	2	2	左上包	4
529	返	fǎn	4	4	左下包	7
530	犯	fàn	3	3	左右	5
531	饭	fàn	1	2	左右	7
532	泛	fàn	4	4	左右	7
533	范	fàn	2	2	上下	8
534	贩	fàn	3	3	左右	8
535	方	fāng	1	1	独体	4
536	坊	fāng/fáng	5	5	左右	7
537	芳	fāng	3	3	上下	7

ID	汉字	拼音	认读级别	书写级别	结构	笔画
538	防	fáng	3	3	左右	6
539	妨	fáng	4	4	左右	7
540	肪	fáng	5	5	左右	8
541	房	fáng	1	1	左上包	8
542	仿	fǎng	3	3	左右	6
543	访	fǎng	4	4	左右	6
544	纺	fǎng	4	4	左右	7
545	放	fàng	1	1	左右	8
546	飞	fēi	1	1	独体	3
547	非	fēi	1	2	左右	8
548	啡	fēi	2	2	左右	11
549	肥	féi	2	2	左右	8
550	匪	fěi	4	4	左三包	10
551	诽	fěi	6	6	左右	10
552	肺	fèi	4	4	左右	8
553	废	fèi	3	3	左上包	8
554	沸	fèi	4	4	左右	8
555	费	fèi	3	3	上下	9
556	分	fēn/fèn	1	1	上下	4
557	芬	fēn	3	3	上下	7
558	吩	fēn	3	3	左右	7
559	纷	fēn	3	3	左右	7
560	氛	fēn	4	4	右上包	8
561	坟	fén	5	5	左右	7
562	焚	fén	5	5	上下	12
563	粉	fěn	1	3	左右	10
564	份	fèn	3	3	左右	6
565	奋	fèn	3	3	上下	8
566	忿	fèn	6	6	上下	8
567	粪	fèn	3	4	上下	12
568	愤	fèn	4	4	左右	12
569	丰	fēng	2	2	独体	4
570	风	fēng	1	1	上三包	4
571	封	fēng	2	3	左右	9
572	疯	fēng	4	4	左上包	9
573	峰	fēng	2	4	左右	10

ID	汉字	拼音	认读级别	书写级别	结构	笔画
574	锋	fēng	4	4	左右	12
575	蜂	fēng	3	4	左右	13
576	逢	féng	4	4	左下包	10
577	讽	fěng	5	5	左右	6
578	凤	fèng	4	4	上三包	4
579	奉	fèng	4	4	上下	8
580	缝	fèng/féng	2	5	左右	13
581	否	fǒu/pǐ	3	3	上下	7
582	夫	fū/fú	1	1	独体	4
583	肤	fū	2	2	左右	8
584	敷	fū	6	6	左右	15
585	伏	fú	3	3	左右	6
586	扶	fú	2	2	左右	7
587	佛	fú/fó	4	4	左右	7
588	服	fú	1	1	左右	8
589	俘	fú	5	5	左右	9
590	浮	fú	3	3	左右	10
591	符	fú	3	3	上下	11
592	幅	fú	3	3	左右	12
593	辐	fú	4	5	左右	13
594	福	fú	2	4	左右	13
595	抚	fǔ	4	4	左右	7
596	甫	fǔ	6	6	独体	7
597	斧	fǔ	3	3	上下	8
598	府	fǔ	4	4	左上包	8
599	俯	fǔ	4	4	左右	10
600	辅	fǔ	3	5	左右	11
601	腐	fǔ	2	3	左上包	14
602	父	fù	1	1	独体	4
603	付	fù	3	3	左右	5
604	负	fù	2	2	上下	6
605	妇	fù	4	4	左右	6
606	附	fù	3	3	左右	7
607	咐	fù	3	3	左右	8
608	赴	fù	5	5	左下包	9
609	复	fù	2	2	上中下	9

ID	汉字	拼音	认读级别	书写级别	结构	笔画
610	副	fù	3	3	左右	11
611	赋	fù	6	6	左右	12
612	傅	fù	4	4	左右	12
613	富	fù	2	3	上下	12
614	腹	fù	4	4	左右	13
615	覆	fù	4	5	上下	18
616	尬	gà	4	4	左下包	7
617	该	gāi	1	2	左右	8
618	改	gǎi	1	2	左右	7
619	盖	gài	3	3	上下	11
620	溉	gài	5	5	左右	12
621	概	gài	3	3	左右	13
622	干	gān/gàn	1	1	独体	3
623	甘	gān	3	3	独体	5
624	杆	gān/gǎn	3	3	左右	7
625	肝	gān	4	4	左右	7
626	竿	gān	2	3	上下	9
627	尴	gān	4	5	左下包	13
628	赶	gǎn	1	1	左下包	10
629	敢	gǎn	2	3	左右	11
630	感	gǎn	1	2	上下	13
631	冈	gāng	4	4	上三包	4
632	刚	gāng	1	2	左右	6
633	纲	gāng	5	5	左右	7
634	钢	gāng	2	3	左右	9
635	缸	gāng	2	4	左右	9
636	岗	gǎng	4	4	上下	7
637	港	gǎng	3	4	左右	12
638	杠	gàng	4	4	左右	7
639	高	gāo	2	3	上中下	10
640	膏	gāo	3	5	上下	14
641	糕	gāo	2	5	左右	16
642	搞	gǎo	4	4	左右	13
643	稿	gǎo	4	4	左右	15
644	告	gào	1	1	上下	7
645	戈	gē	3	3	独体	4

ID	汉字	拼音	认读级别	书写级别	结构	笔画
646	哥	gē	1	2	上下	10
647	胳	gē	2	3	左右	10
648	鸽	gē	2	5	左右	11
649	搁	gē	5	5	左右	12
650	割	gē	2	4	左右	12
651	歌	gē	1	3	左右	14
652	革	gé	4	4	独体	9
653	阁	gé	5	5	上三包	9
654	格	gé	2	2	左右	10
655	隔	gé	3	4	左右	12
656	个	gè	1	1	独体	3
657	各	gè	2	2	上下	6
658	给	gěi/jǐ	1	1	左右	9
659	根	gēn	1	3	左右	10
660	跟	gēn	1	4	左右	13
661	庚	gēng	6	6	左上包	8
662	耕	gēng	4	4	左右	10
663	耿	gěng	6	6	左右	10
664	梗	gěng	6	6	左右	11
665	更	gèng/gēng	2	2	独体	7
666	工	gōng	1	1	独体	3
667	弓	gōng	2	2	独体	3
668	公	gōng	1	1	上下	4
669	功	gōng	2	2	左右	5
670	攻	gōng	3	3	左右	7
671	供	gōng/gòng	4	4	左右	8
672	宫	gōng	2	3	上下	9
673	恭	gōng	3	5	上下	10
674	躬	gōng	3	4	左右	10
675	巩	gǒng	5	5	左右	6
676	拱	gǒng	4	4	左右	9
677	共	gòng	2	2	上下	6
678	贡	gòng	4	4	上下	7
679	勾	gōu/gòu	3	3	右上包	4
680	沟	gōu	3	3	左右	7
681	钩	gōu	3	4	左右	9

ID	汉字	拼音	认读级别	书写级别	结构	笔画
682	苟	gǒu	4	4	上下	8
683	狗	gǒu	1	3	左右	8
684	构	gòu	4	4	左右	8
685	购	gòu	3	3	左右	8
686	够	gòu	2	3	左右	11
687	估	gū	4	4	左右	7
688	沽	gū	6	6	左右	8
689	孤	gū	3	3	左右	8
690	姑	gū	1	1	左右	8
691	菇	gū	4	4	上下	11
692	辜	gū	5	5	上下	12
693	古	gǔ	1	1	上下	5
694	谷	gǔ	1	1	上下	7
695	股	gǔ	2	2	左右	8
696	骨	gǔ/gū	2	3	上下	9
697	鼓	gǔ	3	4	左右	13
698	固	gù	3	3	全包	8
699	故	gù	1	1	左右	9
700	顾	gù	2	3	左右	10
701	雇	gù	5	5	左上包	12
702	瓜	guā	1	3	独体	5
703	刮	guā	2	3	左右	8
704	寡	guǎ	6	6	上下	14
705	挂	guà	1	2	左右	9
706	乖	guāi	2	3	其他	8
707	拐	guǎi	3	3	左右	8
708	怪	guài	1	2	左右	8
709	关	guān	1	1	上下	6
710	观	guān/guàn	2	2	左右	6
711	官	guān	4	4	上下	8
712	馆	guǎn	2	4	左右	11
713	管	guǎn	3	3	上下	14
714	贯	guàn	4	4	上下	8
715	冠	guàn/guān	3	3	上下	9
716	惯	guàn	2	4	左右	11
717	灌	guàn	5	5	左右	20

ID	汉字	拼音	认读级别	书写级别	结构	笔画
718	罐	guàn	3	5	左右	23
719	光	guāng	1	1	上下	6
720	广	guǎng	1	1	独体	3
721	逛	guàng	3	5	左下包	10
722	归	guī	2	2	左右	5
723	龟	guī/jūn	2	4	上下	7
724	规	guī	3	3	左右	8
725	闺	guī	6	6	上三包	9
726	瑰	guī	2	5	左右	13
727	轨	guǐ	3	3	左右	6
728	诡	guǐ	4	4	左右	8
729	鬼	guǐ	3	3	独体	9
730	癸	guǐ	6	6	上下	9
731	柜	guì	3	3	左右	8
732	贵	guì	2	2	上下	9
733	桂	guì	4	4	左右	10
734	跪	guì	3	5	左右	13
735	滚	gǔn	2	4	左右	13
736	棍	gùn	2	4	左右	12
737	锅	guō	2	5	左右	12
738	国	guó	1	1	全包	8
739	果	guǒ	1	1	独体	8
740	裹	guǒ	5	5	上中下	14
741	过	guò/guo	1	1	左下包	6
742	哈	hā/hǎ	1	1	左右	9
743	还	hái/huán	1	1	左下包	7
744	孩	hái	1	3	左右	9
745	海	hǎi	1	1	左右	10
746	亥	hài	6	6	独体	6
747	害	hài	2	3	上中下	10
748	酣	hān	6	6	左右	12
749	憨	hān	6	6	上下	15
750	含	hán	3	3	上下	7
751	函	hán	6	6	下三包	8
752	涵	hán	6	6	左右	11
753	寒	hán	2	4	上中下	12

ID	汉字	拼音	认读级别	书写级别	结构	笔画
754	罕	hǎn	6	6	上下	7
755	喊	hǎn	1	3	左右	12
756	汉	hàn	1	1	左右	5
757	汗	hàn	1	1	左右	6
758	旱	hàn	3	3	上下	7
759	捍	hàn	6	6	左右	10
760	悍	hàn	6	6	左右	10
761	憾	hàn	6	6	左右	16
762	行	háng/xíng	1	1	左右	6
763	航	háng	3	3	左右	10
764	毫	háo	3	3	上下	11
765	豪	háo	4	5	上下	14
766	好	hǎo/hào	1	1	左右	6
767	号	hào/háo	1	1	上下	5
768	耗	hào	2	4	左右	10
769	浩	hào	5	5	左右	10
770	皓	hào	6	6	左右	12
771	呵	hē	3	3	左右	8
772	喝	hē/hè	1	2	左右	12
773	禾	hé	1	2	独体	5
774	合	hé	1	1	上下	6
775	何	hé	3	3	左右	7
776	和	hé/huò/huó	1	1	左右	8
777	河	hé	1	1	左右	8
778	荷	hé/hè	2	2	上下	10
779	核	hé/hú	2	3	左右	10
780	盒	hé	2	3	上下	11
781	贺	hè	2	2	上下	9
782	黑	hēi	2	3	上下	12
783	嘿	hēi	2	3	左右	15
784	痕	hén	4	5	左上包	11
785	很	hěn	1	3	左右	9
786	狠	hěn	3	4	左右	9
787	恨	hèn	4	4	左右	9
788	哼	hēng	2	2	左右	10
789	恒	héng	5	5	左右	9

ID	汉字	拼音	认读级别	书写级别	结构	笔画
790	横	héng/hèng	2	3	左右	15
791	衡	héng	4	4	左中右	16
792	轰	hōng	2	3	上下	8
793	哄	hōng/hǒng/hòng	3	3	左右	9
794	烘	hōng	4	4	左右	10
795	弘	hóng	6	6	左右	5
796	红	hóng	1	1	左右	6
797	宏	hóng	5	5	上下	7
798	虹	hóng	2	2	左右	9
799	洪	hóng	2	2	左右	9
800	鸿	hóng	6	6	左右	11
801	喉	hóu	4	4	左右	12
802	猴	hóu	1	5	左右	12
803	吼	hǒu	4	4	左右	7
804	后	hòu	1	1	左上包	6
805	厚	hòu	2	2	左上包	9
806	候	hòu	1	3	左右	10
807	乎	hū	3	3	独体	5
808	呼	hū	1	1	左右	8
809	忽	hū	1	1	上下	8
810	狐	hú	2	3	左右	8
811	弧	hú	6	6	左右	8
812	胡	hú	2	2	左右	9
813	壶	hú	2	4	上中下	10
814	湖	hú	1	3	左右	12
815	蝴	hú	3	5	左右	15
816	糊	hú/hù	2	4	左右	15
817	虎	hǔ	1	2	左上包	8
818	互	hù	1	1	独体	4
819	户	hù	1	1	独体	4
820	护	hù	2	2	左右	7
821	花	huā	1	1	上下	7
822	划	huá/huà	2	2	左右	6
823	华	huá	1	1	上下	6
824	滑	huá	3	3	左右	12
825	化	huà	1	1	左右	4

ID	汉字	拼音	认读级别	书写级别	结构	笔画
826	画	huà	1	1	下三包	8
827	话	huà	1	1	左右	8
828	怀	huái	2	2	左右	7
829	徊	huái	5	5	左右	9
830	槐	huái	3	5	左右	13
831	坏	huài	1	1	左右	7
832	欢	huān	1	1	左右	6
833	环	huán	3	3	左右	8
834	缓	huǎn	4	4	左右	12
835	幻	huàn	3	3	左右	4
836	换	huàn	1	3	左右	10
837	唤	huàn	3	3	左右	10
838	涣	huàn	6	6	左右	10
839	患	huàn	4	4	上下	11
840	焕	huàn	3	5	左右	11
841	痪	huàn	6	6	左上包	12
842	荒	huāng	4	4	上下	9
843	慌	huāng	3	4	左右	12
844	皇	huáng	4	4	上下	9
845	黄	huáng	2	3	上中下	11
846	惶	huáng	6	6	左右	12
847	煌	huáng	4	4	左右	13
848	恍	huǎng	4	4	左右	9
849	谎	huǎng	2	4	左右	11
850	晃	huàng/huǎng	2	2	上下	10
851	灰	huī	1	1	左上包	6
852	挥	huī	3	3	左右	9
853	恢	huī	3	3	左右	9
854	辉	huī	3	4	左右	12
855	回	huí	1	1	全包	6
856	悔	huǐ	3	3	左右	10
857	毁	huǐ	4	5	左右	13
858	卉	huì	6	6	上下	5
859	汇	huì	4	4	左右	5
860	会	huì/kuài	1	1	上下	6
861	讳	huì	6	6	左右	6

ID	汉字	拼音	认读级别	书写级别	结构	笔画
862	诲	huì	6	6	左右	9
863	绘	huì	4	4	左右	9
864	贿	huì	6	6	左右	10
865	晦	huì	6	6	左右	11
866	惠	huì	4	4	上下	12
867	慧	huì	4	4	上下	15
868	昏	hūn	3	3	上下	8
869	荤	hūn	6	6	上下	9
870	婚	hūn	4	4	左右	11
871	浑	hún	4	4	左右	9
872	魂	hún	4	4	左右	13
873	混	hùn	3	3	左右	11
874	豁	huō/huò	6	6	左右	17
875	活	huó	1	1	左右	9
876	火	huǒ	1	1	独体	4
877	伙	huǒ	2	2	左右	6
878	或	huò	3	3	右上包	8
879	货	huò	2	2	上下	8
880	获	huò	3	3	上下	10
881	祸	huò	4	5	左右	11
882	惑	huò	4	4	上下	12
883	讥	jī	5	5	左右	4
884	击	jī	4	4	独体	5
885	饥	jī	3	3	左右	5
886	圾	jī	2	3	左右	6
887	机	jī	1	1	左右	6
888	肌	jī	4	4	左右	6
889	鸡	jī	1	2	左右	7
890	积	jī	2	2	左右	10
891	基	jī	3	3	上下	11
892	缉	jī	6	6	左右	12
893	稽	jī	6	6	左右	15
894	激	jī	2	4	左右	16
895	及	jí	2	2	独体	3
896	吉	jí	2	2	上下	6
897	级	jí	1	1	左右	6

ID	汉字	拼音	认读级别	书写级别	结构	笔画
898	极	jí	1	1	左右	7
899	即	jí	3	3	左右	7
900	急	jí	1	1	上下	9
901	疾	jí	3	3	左上包	10
902	集	jí	2	2	上下	12
903	辑	jí	6	6	左右	13
904	嫉	jí	4	5	左右	13
905	藉	jí/jiè	6	6	上下	17
906	籍	jí	5	5	上下	20
907	几	jǐ/jī	1	1	独体	2
908	己	jǐ	1	1	独体	3
909	挤	jǐ	2	3	左右	9
910	脊	jǐ	5	5	上下	10
911	计	jì	2	2	左右	4
912	记	jì	1	1	左右	5
913	纪	jì	2	2	左右	6
914	技	jì	4	4	左右	7
915	忌	jì	4	4	上下	7
916	际	jì	3	3	左右	7
917	季	jì	2	2	上下	8
918	剂	jì	4	4	左右	8
919	迹	jì	3	3	左下包	9
920	济	jì/jǐ	4	4	左右	9
921	既	jì	2	3	左右	9
922	继	jì	2	3	左右	10
923	祭	jì	6	6	上下	11
924	寄	jì	3	3	上下	11
925	寂	jì	4	4	上下	11
926	绩	jì	2	4	左右	11
927	加	jiā	1	1	左右	5
928	夹	jiā/jiá	2	2	独体	6
929	佳	jiā	4	4	左右	8
930	家	jiā	1	3	上下	10
931	嘉	jiā	6	6	上中下	14
932	颊	jiá	5	5	左右	12
933	甲	jiǎ	2	2	独体	5

ID	汉字	拼音	认读级别	书写级别	结构	笔画
934	假	jiǎ/jià	2	2	左右	11
935	价	jià	2	2	左右	6
936	驾	jià	3	3	上下	8
937	架	jià	2	2	上下	9
938	嫁	jià	5	5	左右	13
939	稼	jià	3	5	左右	15
940	尖	jiān	2	2	上下	6
941	奸	jiān	5	5	左右	6
942	歼	jiān	6	6	左右	7
943	坚	jiān	3	3	上下	7
944	间	jiān/jiàn	1	1	上三包	7
945	肩	jiān	3	3	左上包	8
946	艰	jiān	5	5	左右	8
947	监	jiān/jiàn	4	4	上下	10
948	兼	jiān	5	5	独体	10
949	煎	jiān	2	5	上下	13
950	拣	jiǎn	3	4	左右	8
951	茧	jiǎn	5	5	上下	9
952	俭	jiǎn	4	4	左右	9
953	捡	jiǎn	2	5	左右	10
954	检	jiǎn	2	2	左右	11
955	减	jiǎn	2	3	左右	11
956	剪	jiǎn	2	3	上下	11
957	简	jiǎn	2	3	上下	13
958	见	jiàn	1	1	独体	4
959	件	jiàn	1	1	左右	6
960	建	jiàn	2	3	左下包	8
961	荐	jiàn	4	4	上下	9
962	贱	jiàn	5	5	左右	9
963	剑	jiàn	3	3	左右	9
964	健	jiàn	2	2	左右	10
965	舰	jiàn	4	4	左右	10
966	渐	jiàn	3	3	左右	11
967	践	jiàn	4	5	左右	12
968	鉴	jiàn	5	5	上下	13
969	键	jiàn	4	4	左右	13

ID	汉字	拼音	认读级别	书写级别	结构	笔画
970	箭	jiàn	3	3	上下	15
971	江	jiāng	1	1	左右	6
972	将	jiāng/jiàng	2	3	左右	9
973	浆	jiāng	3	5	上下	10
974	僵	jiāng	6	6	左右	15
975	疆	jiāng	6	6	左右	19
976	讲	jiǎng	1	1	左右	6
977	奖	jiǎng	2	2	上下	9
978	匠	jiàng	4	4	左三包	6
979	降	jiàng/xiáng	2	4	左右	8
980	酱	jiàng	6	6	上下	13
981	交	jiāo	1	1	上下	6
982	郊	jiāo	3	4	左右	8
983	浇	jiāo	2	5	左右	9
984	娇	jiāo	5	5	左右	9
985	骄	jiāo	2	5	左右	9
986	胶	jiāo	2	3	左右	10
987	教	jiāo/jiào	1	3	左右	11
988	椒	jiāo	3	4	左右	12
989	焦	jiāo	4	4	上下	12
990	跤	jiāo	2	5	左右	13
991	蕉	jiāo	2	5	上下	15
992	嚼	jiáo/jué	5	5	左右	20
993	角	jiǎo/jué	2	2	上下	7
994	侥	jiǎo	6	6	左右	8
995	狡	jiǎo	2	4	左右	9
996	饺	jiǎo	2	5	左右	9
997	矫	jiǎo/jiáo	4	5	左右	11
998	脚	jiǎo	1	2	左右	11
999	搅	jiǎo	4	4	左右	12
1000	缴	jiǎo	6	6	左右	16
1001	叫	jiào	1	1	左右	5
1002	觉	jiào/jué	1	2	上下	9
1003	轿	jiào	3	4	左右	10
1004	较	jiào	3	3	左右	10
1005	酵	jiào	6	6	左右	14

ID	汉字	拼音	认读级别	书写级别	结构	笔画
1006	阶	jiē	3	3	左右	6
1007	皆	jiē	5	5	上下	9
1008	结	jiē/jié	2	2	左右	9
1009	接	jiē	2	3	左右	11
1010	揭	jiē	4	4	左右	12
1011	街	jiē	2	3	左中右	12
1012	节	jié	1	1	上下	5
1013	劫	jié	4	4	左右	7
1014	杰	jié	3	3	上下	8
1015	洁	jié	2	2	左右	9
1016	捷	jié	4	4	左右	11
1017	截	jié	4	5	右上包	14
1018	竭	jié	5	5	左右	14
1019	姐	jiě	1	2	左右	8
1020	解	jiě	2	3	左右	13
1021	介	jiè	2	2	上下	4
1022	戒	jiè	2	3	右上包	7
1023	届	jiè	5	5	左上包	8
1024	界	jiè	1	1	上下	9
1025	诫	jiè	6	6	左右	9
1026	借	jiè	1	2	左右	10
1027	巾	jīn	1	1	独体	3
1028	斤	jīn	2	2	独体	4
1029	今	jīn	1	1	上下	4
1030	金	jīn	1	1	上下	8
1031	津	jīn	5	5	左右	9
1032	筋	jīn	3	5	上下	12
1033	襟	jīn	6	6	左右	18
1034	仅	jǐn	3	3	左右	4
1035	紧	jǐn	2	3	上下	10
1036	锦	jǐn	5	5	左右	13
1037	谨	jǐn	5	5	左右	13
1038	尽	jìn/jǐn	2	2	上下	6
1039	进	jìn	1	1	左下包	7
1040	近	jìn	1	1	左下包	7
1041	劲	jìn/jìng	1	2	左右	7

ID	汉字	拼音	认读级别	书写级别	结构	笔画
1042	浸	jìn	4	5	左右	10
1043	禁	jìn/jīn	3	3	上下	13
1044	京	jīng	2	2	上中下	8
1045	经	jīng	1	2	左右	8
1046	惊	jīng	2	3	左右	11
1047	晶	jīng	3	3	其他	12
1048	睛	jīng	1	2	左右	13
1049	精	jīng	2	3	左右	14
1050	井	jǐng	1	1	独体	4
1051	颈	jǐng	2	3	左右	11
1052	景	jǐng	2	2	上下	12
1053	警	jǐng	2	4	上下	19
1054	径	jìng	3	3	左右	8
1055	净	jìng	1	2	左右	8
1056	竞	jìng	3	3	上下	10
1057	竟	jìng	3	3	上下	11
1058	敬	jìng	3	4	左右	12
1059	静	jìng	2	3	左右	14
1060	境	jìng	3	4	左右	14
1061	镜	jìng	2	4	左右	16
1062	窘	jiǒng	6	6	上下	12
1063	纠	jiū	4	4	左右	5
1064	究	jiū	3	3	上下	7
1065	揪	jiū	3	4	左右	12
1066	九	jiǔ	1	1	独体	2
1067	久	jiǔ	2	2	独体	3
1068	酒	jiǔ	2	3	左右	10
1069	旧	jiù	2	2	左右	5
1070	臼	jiù	6	6	独体	6
1071	疚	jiù	4	4	左上包	8
1072	救	jiù	3	4	左右	11
1073	就	jiù	1	3	左右	12
1074	舅	jiù	2	4	上下	13
1075	拘	jū	5	5	左右	8
1076	居	jū	2	2	左上包	8
1077	鞠	jū	3	5	左右	17

ID	汉字	拼音	认读级别	书写级别	结构	笔画
1078	局	jú	3	3	左上包	7
1079	桔	jú	2	3	左右	10
1080	菊	jú	2	3	上下	11
1081	橘	jú	2	5	左右	16
1082	沮	jǔ	5	5	左右	8
1083	矩	jǔ/ju	5	5	左右	9
1084	举	jǔ	1	3	上下	9
1085	巨	jù	2	2	独体	4
1086	句	jù	1	1	右上包	5
1087	拒	jù	4	4	左右	7
1088	具	jù	2	2	上下	8
1089	俱	jù	4	4	左右	10
1090	剧	jù	2	3	左右	10
1091	据	jù/jū	3	3	左右	11
1092	距	jù	4	4	左右	11
1093	惧	jù	4	4	左右	11
1094	锯	jù	4	5	左右	13
1095	聚	jù	3	5	上下	14
1096	捐	juān	4	4	左右	10
1097	卷	juǎn/juàn	2	3	上下	8
1098	倦	juàn	3	4	左右	10
1099	眷	juàn	6	6	上下	11
1100	决	jué	2	2	左右	6
1101	诀	jué	5	5	左右	6
1102	绝	jué	2	2	左右	9
1103	倔	jué/juè	5	5	左右	10
1104	掘	jué	5	5	左右	11
1105	崛	jué	6	6	左右	11
1106	军	jūn	2	2	上下	6
1107	均	jūn	4	4	左右	7
1108	君	jūn	4	4	左上包	7
1109	钧	jūn	6	6	左右	9
1110	菌	jūn	3	4	上下	11
1111	俊	jùn	4	4	左右	9
1112	竣	jùn	6	6	左右	12
1113	咖	kā/gā	2	2	左右	8

ID	汉字	拼音	认读级别	书写级别	结构	笔画
1114	卡	kǎ/qiǎ	1	1	独体	5
1115	开	kāi	1	1	独体	4
1116	凯	kǎi	4	4	左右	8
1117	慨	kǎi	5	5	左右	12
1118	刊	kān	4	4	左右	5
1119	勘	kān	6	6	左右	11
1120	堪	kān	4	4	左右	12
1121	砍	kǎn	3	3	左右	9
1122	看	kàn/kān	1	1	左上包	9
1123	康	kāng	2	3	左上包	11
1124	慷	kāng	5	5	左右	14
1125	扛	káng	3	3	左右	6
1126	亢	kàng	6	6	上下	4
1127	抗	kàng	3	3	左右	7
1128	考	kǎo	2	2	左上包	6
1129	烤	kǎo	3	5	左右	10
1130	靠	kào	3	3	上下	15
1131	科	kē	2	2	左右	9
1132	棵	kē	1	3	左右	12
1133	颗	kē	3	4	左右	14
1134	蝌	kē	3	5	左右	15
1135	壳	ké/qiào	2	3	上中下	7
1136	咳	ké	2	2	左右	9
1137	可	kě	1	1	右上包	5
1138	渴	kě	1	4	左右	12
1139	克	kè	2	2	上下	7
1140	刻	kè	2	2	左右	8
1141	客	kè	2	2	上下	9
1142	课	kè	1	3	左右	10
1143	肯	kěn	3	3	上下	8
1144	恳	kěn	4	4	上下	10
1145	啃	kěn	3	3	左右	11
1146	坑	kēng	2	4	左右	7
1147	空	kōng/kòng	1	1	上下	8
1148	孔	kǒng	2	2	左右	4
1149	恐	kǒng	3	3	上下	10

ID	汉字	拼音	认读级别	书写级别	结构	笔画
1150	控	kòng	3	3	左右	11
1151	口	kǒu	1	1	独体	3
1152	叩	kòu	6	6	左右	5
1153	扣	kòu	2	2	左右	6
1154	枯	kū	3	3	左右	9
1155	哭	kū	1	3	上下	10
1156	苦	kǔ	1	1	上下	8
1157	库	kù	3	3	左上包	7
1158	裤	kù	1	4	左右	12
1159	酷	kù	3	4	左右	14
1160	夸	kuā	1	1	上下	6
1161	垮	kuǎ	5	5	左右	9
1162	跨	kuà	3	4	左右	13
1163	块	kuài	1	2	左右	7
1164	快	kuài	1	2	左右	7
1165	筷	kuài	3	5	上下	13
1166	宽	kuān	2	3	上下	10
1167	款	kuǎn	4	4	左右	12
1168	狂	kuáng	3	3	左右	7
1169	旷	kuàng	5	5	左右	7
1170	况	kuàng	3	3	左右	7
1171	矿	kuàng	2	2	左右	8
1172	框	kuàng	4	4	左右	10
1173	眶	kuàng	4	4	左右	11
1174	亏	kuī	3	3	上下	3
1175	窥	kuī	6	6	上下	13
1176	葵	kuí	6	6	上下	12
1177	馈	kuì	6	6	左右	12
1178	溃	kuì	5	5	左右	12
1179	愧	kuì	3	5	左右	12
1180	昆	kūn	3	3	上下	8
1181	捆	kǔn	3	4	左右	10
1182	困	kùn	2	2	全包	7
1183	扩	kuò	3	3	左右	6
1184	括	kuò	3	3	左右	9
1185	阔	kuò	3	3	上三包	12

ID	汉字	拼音	认读级别	书写级别	结构	笔画
1186	廓	kuò	5	5	左上包	13
1187	垃	lā	2	3	左右	8
1188	拉	lā	1	1	左右	8
1189	啦	lā/la	2	2	左右	11
1190	喇	lǎ	6	6	左右	11
1191	腊	là	3	3	左右	12
1192	蜡	là	2	4	左右	14
1193	辣	là	2	5	左右	14
1194	来	lái	1	1	独体	7
1195	赖	lài	4	4	左右	13
1196	兰	lán	4	4	上下	5
1197	拦	lán	2	3	左右	8
1198	栏	lán	3	3	左右	9
1199	婪	lán	6	6	上下	11
1200	蓝	lán	2	3	上下	13
1201	篮	lán	2	5	上下	16
1202	览	lǎn	3	3	左右	9
1203	揽	lǎn	5	5	左右	12
1204	懒	lǎn	2	5	左右	16
1205	烂	làn	2	3	左右	9
1206	滥	làn	5	5	左右	13
1207	郎	láng	3	4	左右	8
1208	狼	láng	1	5	左右	10
1209	廊	láng	3	3	左上包	11
1210	朗	lǎng	2	2	左右	10
1211	浪	làng	2	3	左右	10
1212	捞	lāo	3	4	左右	10
1213	劳	láo	2	2	上中下	7
1214	牢	láo	3	3	上下	7
1215	唠	láo	5	5	左右	10
1216	老	lǎo	1	1	左上包	6
1217	姥	lǎo	2	4	左右	9
1218	涝	lào	6	6	左右	10
1219	乐	lè/yuè	1	1	独体	5
1220	了	le/liǎo	1	1	独体	2
1221	勒	lēi/lè	4	4	左右	11

ID	汉字	拼音	认读级别	书写级别	结构	笔画
1222	雷	léi	1	2	上下	13
1223	垒	lěi	5	5	上下	9
1224	泪	lèi	1	1	左右	8
1225	类	lèi	3	3	上下	9
1226	累	lèi/lěi/léi	1	3	上下	11
1227	冷	lěng	1	1	左右	7
1228	厘	lí	3	3	左上包	9
1229	狸	lí	2	4	左右	10
1230	离	lí	2	3	上下	10
1231	梨	lí	2	3	上下	11
1232	璃	lí	2	5	左右	14
1233	黎	lí	4	5	上中下	15
1234	礼	lǐ	1	2	左右	5
1235	李	lǐ	3	3	上下	7
1236	里	lǐ	1	1	独体	7
1237	理	lǐ	2	2	左右	11
1238	力	lì	1	1	独体	2
1239	历	lì	3	3	左上包	4
1240	厉	lì	2	2	左上包	5
1241	立	lì	1	1	独体	5
1242	丽	lì	1	1	上下	7
1243	励	lì	2	2	左右	7
1244	利	lì	2	2	左右	7
1245	例	lì	3	3	左右	8
1246	隶	lì	5	5	独体	8
1247	栗	lì	5	5	上下	10
1248	粒	lì	2	2	左右	11
1249	俩	liǎ/liǎng	3	3	左右	9
1250	连	lián	1	1	左下包	7
1251	怜	lián	2	2	左右	8
1252	帘	lián	2	3	上下	8
1253	莲	lián	3	3	上下	10
1254	联	lián	3	3	左右	12
1255	廉	lián	6	6	左上包	13
1256	敛	liǎn	6	6	左右	11
1257	脸	liǎn	1	2	左右	11

ID	汉字	拼音	认读级别	书写级别	结构	笔画
1258	练	liàn	2	3	左右	8
1259	炼	liàn	3	4	左右	9
1260	恋	liàn	4	4	上下	10
1261	链	liàn	4	4	左右	12
1262	良	liáng	2	2	独体	7
1263	凉	liáng/liàng	2	3	左右	10
1264	梁	liáng	4	4	上下	11
1265	量	liáng/liàng	2	2	上下	12
1266	粮	liáng	2	5	左右	13
1267	两	liǎng	1	1	独体	7
1268	亮	liàng	1	2	上中下	9
1269	谅	liàng	3	4	左右	10
1270	辆	liàng	1	4	左右	11
1271	晾	liàng	2	4	左右	12
1272	辽	liáo	4	4	左下包	5
1273	疗	liáo	4	4	左上包	7
1274	聊	liáo	3	4	左右	11
1275	寥	liáo	6	6	上下	14
1276	嘹	liáo	6	6	左右	15
1277	缭	liáo	5	5	左右	15
1278	料	liào	2	2	左右	10
1279	列	liè	3	3	左右	6
1280	劣	liè	5	5	上下	6
1281	烈	liè	3	3	上下	10
1282	猎	liè	3	5	左右	11
1283	裂	liè	3	4	上下	12
1284	拎	līn	6	6	左右	8
1285	邻	lín	2	3	左右	7
1286	林	lín	1	1	左右	8
1287	临	lín	3	3	左右	9
1288	淋	lín	2	3	左右	11
1289	凛	lǐn	6	6	左右	15
1290	赁	lìn	6	6	上下	10
1291	蔺	lìn	6	6	左右	21
1292	伶	líng	5	5	左右	7
1293	灵	líng	3	3	上下	7

ID	汉字	拼音	认读级别	书写级别	结构	笔画
1294	铃	líng	2	3	左右	10
1295	凌	líng	3	3	左右	10
1296	陵	líng	5	5	左右	10
1297	聆	líng	6	6	左右	11
1298	零	líng	2	4	上下	13
1299	龄	líng	3	4	左右	13
1300	岭	lǐng	3	3	左右	8
1301	领	lǐng	2	2	左右	11
1302	另	lìng	1	1	上下	5
1303	令	lìng	2	2	上下	5
1304	溜	liū/liù	3	4	左右	13
1305	浏	liú	6	6	左右	9
1306	留	liú	2	2	上下	10
1307	流	liú	1	2	左右	10
1308	榴	liú	3	5	左右	14
1309	柳	liǔ	3	3	左右	9
1310	六	liù	1	1	独体	4
1311	龙	lóng	1	1	独体	5
1312	咙	lóng	4	4	左右	8
1313	聋	lóng	4	4	上下	11
1314	笼	lóng/lǒng	2	3	上下	11
1315	隆	lóng	2	4	左右	11
1316	拢	lǒng	5	5	左右	8
1317	楼	lóu	2	3	左右	13
1318	搂	lǒu	2	5	左右	12
1319	陋	lòu	5	5	左右	8
1320	漏	lòu	2	4	左右	14
1321	芦	lú	5	5	上下	7
1322	炉	lú	3	3	左右	8
1323	卤	lǔ	6	6	独体	7
1324	鲁	lǔ	5	5	上下	12
1325	陆	lù	3	3	左右	7
1326	录	lù	2	4	上下	8
1327	赂	lù	6	6	左右	10
1328	鹿	lù	6	6	左上包	11
1329	禄	lù	6	6	左右	12

ID	汉字	拼音	认读级别	书写级别	结构	笔画
1330	碌	lù	3	4	左右	13
1331	路	lù	1	3	左右	13
1332	露	lù/lòu	2	4	上下	21
1333	驴	lú	6	6	左右	7
1334	侣	lǚ	5	5	左右	8
1335	旅	lǚ	2	3	左右	10
1336	屡	lǚ	5	5	左上包	12
1337	缕	lǚ	4	5	左右	12
1338	履	lǚ	6	6	左上包	15
1339	律	lǜ	2	3	左右	9
1340	虑	lǜ	3	3	左上包	10
1341	绿	lǜ	1	4	左右	11
1342	滤	lǜ	6	6	左右	13
1343	峦	luán	6	6	上下	9
1344	卵	luǎn	3	4	左右	7
1345	乱	luàn	1	1	左右	7
1346	掠	lüè	5	5	左右	11
1347	略	lüè	4	4	左右	11
1348	伦	lún	6	6	左右	6
1349	沦	lún	6	6	左右	7
1350	轮	lún	2	4	左右	8
1351	论	lùn	3	3	左右	6
1352	罗	luó	5	5	上下	8
1353	萝	luó	2	4	上下	11
1354	逻	luó	4	4	左下包	11
1355	锣	luó	5	5	左右	13
1356	螺	luó	6	6	左右	17
1357	裸	luǒ	5	5	左右	13
1358	络	luò	3	3	左右	9
1359	骆	luò	6	6	左右	9
1360	落	luò/là	1	3	上下	12
1361	妈	mā	1	1	左右	6
1362	抹	mā/mǒ/mò	2	3	左右	8
1363	麻	má	2	2	左上包	11
1364	马	mǎ	1	1	独体	3
1365	码	mǎ	2	2	左右	8

ID	汉字	拼音	认读级别	书写级别	结构	笔画
1366	蚂	mǎ	2	4	左右	9
1367	骂	mà	2	3	上下	9
1368	吗	ma/má	1	1	左右	6
1369	嘛	ma	2	3	左右	14
1370	埋	mái/mán	2	2	左右	10
1371	买	mǎi	1	1	上下	6
1372	迈	mài	4	4	左下包	6
1373	麦	mài	3	3	上下	7
1374	卖	mài	1	1	上下	8
1375	脉	mài/mò	4	4	左右	9
1376	蛮	mán	5	5	上下	12
1377	馒	mán	2	5	左右	14
1378	瞒	mán	4	4	左右	15
1379	满	mǎn	2	3	左右	13
1380	曼	màn	6	6	上中下	11
1381	漫	màn	3	4	左右	14
1382	慢	màn	1	4	左右	14
1383	芒	máng	2	2	上下	6
1384	忙	máng	1	1	左右	6
1385	盲	máng	4	4	上下	8
1386	茫	máng	3	3	上下	9
1387	莽	mǎng	6	6	上中下	10
1388	猫	māo	1	4	左右	11
1389	毛	máo	1	1	独体	4
1390	矛	máo	4	4	独体	5
1391	茅	máo	4	4	上下	8
1392	卯	mǎo	6	6	左右	5
1393	茂	mào	3	3	上下	8
1394	冒	mào	2	2	上下	9
1395	贸	mào	6	6	上下	9
1396	帽	mào	1	3	左右	12
1397	貌	mào	2	5	左右	14
1398	么	me	1	1	独体	3
1399	没	méi/mò	1	1	左右	7
1400	玫	méi	2	4	左右	8
1401	枚	méi	4	4	左右	8

ID	汉字	拼音	认读级别	书写级别	结构	笔画
1402	眉	méi	2	2	左上包	9
1403	梅	méi	3	3	左右	11
1404	媒	méi	5	5	左右	12
1405	煤	méi	4	5	左右	13
1406	霉	méi	5	5	上下	15
1407	每	měi	1	1	上下	7
1408	美	měi	1	1	上下	9
1409	妹	mèi	1	2	左右	8
1410	昧	mèi	6	6	左右	9
1411	闷	mēn/mèn	3	3	上三包	7
1412	门	mén	1	1	独体	3
1413	们	mén/men	1	1	左右	5
1414	萌	méng	5	5	上下	11
1415	蒙	méng/mēng/měng	4	4	上下	13
1416	盟	méng	5	5	上下	13
1417	猛	měng	3	4	左右	11
1418	孟	mèng	6	6	上下	8
1419	梦	mèng	2	2	上下	11
1420	眯	mī	3	3	左右	11
1421	弥	mí	6	6	左右	8
1422	迷	mí	1	3	左下包	9
1423	谜	mí	2	5	左右	11
1424	米	mǐ	1	1	独体	6
1425	觅	mì	4	4	上下	8
1426	秘	mì	2	3	左右	10
1427	密	mì	2	3	上下	11
1428	蜜	mì	3	4	上下	14
1429	眠	mián	4	4	左右	10
1430	绵	mián	2	5	左右	11
1431	棉	mián	2	4	左右	12
1432	免	miǎn	3	3	上下	7
1433	勉	miǎn	5	5	左下包	9
1434	面	miàn	1	2	独体	9
1435	苗	miáo	2	2	上下	8
1436	描	miáo	3	3	左右	11
1437	秒	miǎo	3	3	左右	9

ID	汉字	拼音	认读级别	书写级别	结构	笔画
1438	渺	miǎo	5	5	左右	12
1439	妙	miào	3	3	左右	7
1440	庙	miào	5	5	左上包	8
1441	灭	miè	1	1	上下	5
1442	蔑	miè	5	5	上中下	14
1443	民	mín	2	2	独体	5
1444	皿	mǐn	6	6	独体	5
1445	敏	mǐn	4	4	左右	11
1446	名	míng	1	1	上下	6
1447	明	míng	1	1	左右	8
1448	鸣	míng	3	3	左右	8
1449	铭	míng	5	5	左右	11
1450	命	mìng	1	3	上下	8
1451	谬	miù	6	6	左右	13
1452	摸	mō	3	4	左右	13
1453	摹	mó	6	6	上下	14
1454	模	mó/mú	3	3	左右	14
1455	膜	mó	4	4	左右	14
1456	摩	mó	3	4	左上包	15
1457	磨	mó/mò	3	3	左上包	16
1458	蘑	mó	4	5	上下	19
1459	魔	mó	2	4	左上包	20
1460	末	mò	2	2	独体	5
1461	沫	mò	3	3	左右	8
1462	陌	mò	3	3	左右	8
1463	莫	mò	4	4	上中下	10
1464	漠	mò	2	4	左右	13
1465	寞	mò	4	5	上下	13
1466	墨	mò	4	4	上下	15
1467	默	mò	3	4	左右	16
1468	谋	móu	5	5	左右	11
1469	某	mǒu	5	5	上下	9
1470	母	mǔ	1	2	独体	5
1471	亩	mǔ	4	4	上下	7
1472	拇	mǔ	4	4	左右	8
1473	木	mù	1	1	独体	4

ID	汉字	拼音	认读级别	书写级别	结构	笔画
1474	目	mù	1	1	独体	5
1475	沐	mù	5	5	左右	7
1476	牧	mù	4	4	左右	8
1477	募	mù	6	6	上下	12
1478	墓	mù	5	5	上下	13
1479	幕	mù	3	3	上下	13
1480	睦	mù	5	5	左右	13
1481	慕	mù	3	5	上下	14
1482	暮	mù	5	5	上下	14
1483	拿	ná	2	2	上下	10
1484	哪	nǎ	1	1	左右	9
1485	那	nà	1	2	左右	6
1486	呐	nà	5	5	左右	7
1487	纳	nà	5	5	左右	7
1488	乃	nǎi	4	4	独体	2
1489	奶	nǎi	1	3	左右	5
1490	奈	nài	4	4	上下	8
1491	耐	nài	3	3	左右	9
1492	男	nán	1	1	上下	7
1493	南	nán	1	1	上下	9
1494	难	nán/nàn	1	2	左右	10
1495	囊	nāng/náng	5	5	上中下	22
1496	挠	náo	5	5	左右	9
1497	恼	nǎo	3	3	左右	9
1498	脑	nǎo	2	2	左右	10
1499	闹	nào	2	2	上三包	8
1500	呢	ne	1	1	左右	8
1501	馁	něi	6	6	左右	10
1502	内	nèi	2	2	独体	4
1503	嫩	nèn	3	5	左右	14
1504	能	néng	1	3	左右	10
1505	尼	ní	5	5	左上包	5
1506	泥	ní/nì	2	3	左右	8
1507	拟	nǐ	5	5	左右	7
1508	你	nǐ	1	1	左右	7
1509	逆	nì	5	5	左下包	9

ID	汉字	拼音	认读级别	书写级别	结构	笔画
1510	匿	nì	6	6	左三包	10
1511	腻	nì	5	5	左右	13
1512	溺	nì	6	6	左右	13
1513	年	nián	1	1	独体	6
1514	念	niàn	2	2	上下	8
1515	娘	niáng	3	4	左右	10
1516	酿	niàng	5	5	左右	14
1517	鸟	niǎo	1	3	独体	5
1518	尿	niào	2	3	左上包	7
1519	捏	niē	2	4	左右	10
1520	您	nín	1	1	上下	11
1521	宁	níng/nìng	2	2	上下	5
1522	狞	níng	6	6	左右	8
1523	柠	níng	6	6	左右	9
1524	凝	níng	5	5	左右	16
1525	拧	nǐng	3	3	左右	8
1526	泞	nìng	6	6	左右	8
1527	牛	niú	1	1	独体	4
1528	扭	niǔ	2	2	左右	7
1529	纽	niǔ	2	3	左右	7
1530	农	nóng	2	2	独体	6
1531	浓	nóng	3	3	左右	9
1532	弄	nòng	2	2	上下	7
1533	奴	nú	5	5	左右	5
1534	努	nǔ	2	2	上下	7
1535	怒	nù	3	3	上下	9
1536	女	nǚ	1	1	独体	3
1537	暖	nuǎn	2	3	左右	13
1538	虐	nüè	6	6	左上包	9
1539	挪	nuó	5	5	左右	9
1540	诺	nuò	5	5	左右	10
1541	糯	nuò	6	6	左右	20
1542	噢	ō	2	4	左右	15
1543	哦	ó/ò	2	3	左右	10
1544	欧	ōu	6	6	左右	8
1545	呕	ǒu	2	2	左右	7

ID	汉字	拼音	认读级别	书写级别	结构	笔画
1546	偶	ǒu	3	4	左右	11
1547	趴	pā	2	3	左右	9
1548	爬	pá	1	3	左下包	8
1549	帕	pà	1	2	左右	8
1550	怕	pà	1	1	左右	8
1551	拍	pāi	1	1	左右	8
1552	排	pái	1	1	左右	11
1553	徘	pái	5	5	左右	11
1554	牌	pái	2	3	左右	12
1555	派	pài	3	3	左右	9
1556	攀	pān	5	5	上下	19
1557	盘	pán	1	3	上下	11
1558	判	pàn	2	3	左右	7
1559	盼	pàn	3	3	左右	9
1560	叛	pàn	5	5	左右	9
1561	乓	pāng	2	3	上下	6
1562	庞	páng	3	3	左上包	8
1563	旁	páng	2	3	上下	10
1564	螃	páng	2	5	左右	16
1565	胖	pàng	1	2	左右	9
1566	抛	pāo	3	3	左右	7
1567	刨	páo/bào	6	6	左右	7
1568	袍	páo	6	6	左右	10
1569	跑	pǎo	1	3	左右	12
1570	泡	pào/pāo	2	3	左右	8
1571	炮	pào/páo	3	3	左右	9
1572	陪	péi	2	4	左右	10
1573	培	péi	4	4	左右	11
1574	赔	péi	3	3	左右	12
1575	佩	pèi	4	4	左右	8
1576	配	pèi	4	4	左右	10
1577	喷	pēn	2	2	左右	12
1578	盆	pén	1	3	上下	9
1579	砰	pēng	3	3	左右	10
1580	朋	péng	1	1	左右	8
1581	棚	péng	5	5	左右	12

ID	汉字	拼音	认读级别	书写级别	结构	笔画
1582	蓬	péng	5	5	上下	13
1583	澎	péng	6	6	左右	15
1584	膨	péng	5	5	左右	16
1585	捧	pěng	2	4	左右	11
1586	碰	pèng	2	3	左右	13
1587	批	pī	2	2	左右	7
1588	披	pī	2	3	左右	8
1589	劈	pī/pǐ	2	4	上下	15
1590	皮	pí	1	1	左上包	5
1591	疲	pí	3	4	左上包	10
1592	脾	pí	3	3	左右	12
1593	匹	pǐ	2	2	左三包	4
1594	屁	pì	2	3	左上包	7
1595	辟	pì	5	5	左右	13
1596	僻	pì	5	5	左右	15
1597	偏	piān	3	3	左右	11
1598	篇	piān	2	4	上下	15
1599	翩	piān	6	6	左右	15
1600	片	piàn/piān	1	1	独体	4
1601	骗	piàn	2	5	左右	12
1602	飘	piāo	2	4	左右	15
1603	票	piào	2	4	上下	11
1604	漂	piào/piāo/piǎo	1	4	左右	14
1605	撇	piě/piē	5	5	左右	14
1606	拼	pīn	2	3	左右	9
1607	贫	pín	3	3	上下	8
1608	频	pín	2	3	左右	13
1609	品	pǐn	2	2	其他	9
1610	聘	pìn	6	6	左右	13
1611	乒	pīng	2	3	上下	6
1612	平	píng	2	2	独体	5
1613	评	píng	2	2	左右	7
1614	坪	píng	3	3	左右	8
1615	苹	píng	2	2	上下	8
1616	凭	píng	4	4	上下	8
1617	屏	píng/bǐng	3	3	左上包	9

ID	汉字	拼音	认读级别	书写级别	结构	笔画
1618	瓶	píng	2	3	左右	10
1619	萍	píng	5	5	上下	11
1620	坡	pō	2	3	左右	8
1621	泊	pō/bó	4	4	左右	8
1622	泼	pō	2	2	左右	8
1623	婆	pó	2	3	上下	11
1624	迫	pò	4	4	左下包	8
1625	破	pò	1	2	左右	10
1626	魄	pò	4	4	左右	14
1627	剖	pōu	6	6	左右	10
1628	扑	pū	2	2	左右	5
1629	铺	pū/pù	2	4	左右	12
1630	仆	pú/pū	5	5	左右	4
1631	脯	pú	6	6	左右	11
1632	葡	pú	3	4	上下	12
1633	朴	pǔ	4	4	左右	6
1634	普	pǔ	3	3	上下	12
1635	谱	pǔ	4	5	左右	14
1636	七	qī	1	1	独体	2
1637	妻	qī	4	4	上下	8
1638	凄	qī	5	5	左右	10
1639	戚	qī	5	5	左上包	11
1640	期	qī	1	1	左右	12
1641	欺	qī	2	3	左右	12
1642	漆	qī	4	5	左右	14
1643	齐	qí	2	2	上下	6
1644	其	qí	1	1	上下	8
1645	奇	qí/jī	1	1	上下	8
1646	歧	qí	5	5	左右	8
1647	祈	qí	6	6	左右	8
1648	骑	qí	2	4	左右	11
1649	棋	qí	2	2	左右	12
1650	旗	qí	2	4	左右	14
1651	乞	qǐ	2	2	上下	3
1652	岂	qǐ	4	4	上下	6
1653	企	qǐ	2	2	上下	6

ID	汉字	拼音	认读级别	书写级别	结构	笔画
1654	启	qǐ	3	3	左上包	7
1655	起	qǐ	1	1	左下包	10
1656	气	qì	1	1	独体	4
1657	弃	qì	3	3	上下	7
1658	汽	qì	1	2	左右	7
1659	泣	qì	4	4	左右	8
1660	契	qì	6	6	上下	9
1661	器	qì	3	4	上中下	16
1662	洽	qià	6	6	左右	9
1663	恰	qià	3	3	左右	9
1664	千	qiān	1	1	独体	3
1665	迁	qiān	4	4	左下包	6
1666	牵	qiān	2	3	上中下	9
1667	铅	qiān	1	5	左右	10
1668	谦	qiān	3	5	左右	12
1669	签	qiān	2	4	上下	13
1670	前	qián	1	2	上下	9
1671	钱	qián	1	3	左右	10
1672	潜	qián	4	4	左右	15
1673	浅	qiǎn	2	3	左右	8
1674	遣	qiǎn	6	6	左下包	13
1675	欠	qiàn	3	3	上下	4
1676	歉	qiàn	3	5	左右	14
1677	枪	qiāng	2	2	左右	8
1678	腔	qiāng	4	4	左右	12
1679	强	qiáng/qiǎng/jiàng	3	3	左右	12
1680	墙	qiáng	3	4	左右	14
1681	抢	qiǎng	2	2	左右	7
1682	悄	qiāo/qiǎo	1	3	左右	10
1683	敲	qiāo	2	5	左右	14
1684	乔	qiáo	5	5	上下	6
1685	侨	qiáo	3	3	左右	8
1686	桥	qiáo	1	2	左右	10
1687	憔	qiáo	6	6	左右	15
1688	瞧	qiáo	3	3	左右	17
1689	巧	qiǎo	1	2	左右	5

ID	汉字	拼音	认读级别	书写级别	结构	笔画
1690	俏	qiào	5	5	左右	9
1691	窍	qiào	6	6	上下	10
1692	切	qiē/qiè	1	1	左右	4
1693	茄	qié/jiā	2	3	上下	8
1694	且	qiě	2	2	独体	5
1695	怯	qiè	5	5	左右	8
1696	窃	qiè	4	4	上下	9
1697	侵	qīn	4	4	左右	9
1698	亲	qīn/qìng	1	1	上下	9
1699	秦	qín	6	6	上下	10
1700	琴	qín	2	4	上下	12
1701	禽	qín	4	4	上下	12
1702	勤	qín	2	3	左右	13
1703	寝	qǐn	5	5	上下	13
1704	沁	qìn	6	6	左右	7
1705	青	qīng	1	2	上下	8
1706	轻	qīng	1	3	左右	9
1707	倾	qīng	3	3	左右	10
1708	清	qīng	1	1	左右	11
1709	蜻	qīng	3	5	左右	14
1710	情	qíng	1	1	左右	11
1711	晴	qíng	2	2	左右	12
1712	顷	qǐng	5	5	左右	8
1713	请	qǐng	1	1	左右	10
1714	庆	qìng	1	1	左上包	6
1715	穷	qióng	2	2	上下	7
1716	丘	qiū	4	4	独体	5
1717	秋	qiū	1	1	左右	9
1718	囚	qiú	4	4	全包	5
1719	求	qiú	1	1	独体	7
1720	球	qiú	1	3	左右	11
1721	区	qū	2	2	左三包	4
1722	曲	qū/qǔ	2	2	独体	6
1723	岖	qū	6	6	左右	7
1724	驱	qū	4	4	左右	7
1725	屈	qū	3	3	左上包	8

ID	汉字	拼音	认读级别	书写级别	结构	笔画
1726	躯	qū	5	5	左右	11
1727	趋	qū	6	6	左下包	12
1728	渠	qú	4	4	上下	11
1729	取	qǔ	2	2	左右	8
1730	娶	qǔ	6	6	上下	11
1731	去	qù	1	1	上下	5
1732	趣	qù	2	4	左下包	15
1733	圈	quān/juàn	2	4	全包	11
1734	权	quán	3	3	左右	6
1735	全	quán	1	1	上下	6
1736	泉	quán	2	2	上下	9
1737	拳	quán	2	4	上下	10
1738	痊	quán	6	6	左上包	11
1739	犬	quǎn	3	3	独体	4
1740	劝	quàn	3	3	左右	4
1741	券	quàn	5	5	上下	8
1742	缺	quē	2	4	左右	10
1743	却	què	2	2	左右	7
1744	雀	què	6	6	上下	11
1745	确	què	3	3	左右	12
1746	鹊	què	6	6	左右	13
1747	裙	qún	1	5	左右	12
1748	群	qún	1	3	左右	13
1749	然	rán	1	1	上下	12
1750	燃	rán	3	3	左右	16
1751	染	rǎn	2	3	上下	9
1752	壤	rǎng	5	5	左右	20
1753	嚷	rǎng/rāng	3	3	左右	20
1754	让	ràng	1	1	左右	5
1755	饶	ráo	3	4	左右	9
1756	扰	rǎo	3	3	左右	7
1757	绕	rào	3	4	左右	9
1758	惹	rě	5	5	上下	12
1759	热	rè	1	4	上下	10
1760	人	rén	1	1	独体	2
1761	壬	rén	6	6	独体	4

ID	汉字	拼音	认读级别	书写级别	结构	笔画
1762	仁	rén	4	4	左右	4
1763	忍	rěn	3	3	上下	7
1764	刃	rèn	5	5	独体	3
1765	认	rèn	1	1	左右	4
1766	任	rèn	2	2	左右	6
1767	韧	rèn	5	5	左右	7
1768	扔	rēng	1	2	左右	5
1769	仍	réng	3	3	左右	4
1770	日	rì	1	1	独体	4
1771	戎	róng	6	6	右上包	6
1772	茸	róng	3	3	上下	9
1773	荣	róng	4	4	上下	9
1774	绒	róng	3	5	左右	9
1775	容	róng	2	2	上下	10
1776	溶	róng	5	5	左右	13
1777	熔	róng	6	6	左右	14
1778	融	róng	3	4	左右	16
1779	冗	rǒng	6	6	上下	4
1780	柔	róu	3	3	上下	9
1781	揉	róu	3	5	左右	12
1782	肉	ròu	1	1	独体	6
1783	如	rú	1	1	左右	6
1784	儒	rú	6	6	左右	16
1785	乳	rǔ	4	4	左右	8
1786	辱	rǔ	4	4	上下	10
1787	入	rù	2	2	独体	2
1788	软	ruǎn	2	3	左右	8
1789	锐	ruì	3	5	左右	12
1790	瑞	ruì	5	5	左右	13
1791	闰	rùn	6	6	上三包	7
1792	润	rùn	4	4	左右	10
1793	若	ruò	4	4	上下	8
1794	弱	ruò	3	4	左右	10
1795	撒	sā/sǎ	2	4	左右	15
1796	洒	sǎ	2	2	左右	9
1797	塞	sāi/sài/sè	2	3	上中下	13

ID	汉字	拼音	认读级别	书写级别	结构	笔画
1798	赛	sài	1	3	上中下	14
1799	三	sān	1	1	独体	3
1800	伞	sǎn	1	2	上下	6
1801	散	sàn/sǎn	2	4	左右	12
1802	桑	sāng	4	4	上下	10
1803	嗓	sǎng	2	3	左右	13
1804	丧	sàng/sāng	4	4	上下	8
1805	臊	sāo/sào	6	6	左右	17
1806	扫	sǎo/sào	1	1	左右	6
1807	嫂	sǎo	5	5	左右	12
1808	色	sè	1	1	上下	6
1809	涩	sè	5	5	左右	10
1810	瑟	sè	6	6	上下	13
1811	森	sēn	1	2	其他	12
1812	杀	shā	2	2	上下	6
1813	沙	shā	1	1	左右	7
1814	纱	shā	3	3	左右	7
1815	刹	shā/chà	6	6	左右	8
1816	啥	shá	3	3	左右	11
1817	傻	shǎ	4	4	左右	13
1818	厦	shà	3	3	左上包	12
1819	霎	shà	6	6	上下	16
1820	晒	shài	2	3	左右	10
1821	山	shān	1	1	独体	3
1822	删	shān	6	6	左右	7
1823	衫	shān	3	3	左右	8
1824	扇	shān/shàn	2	3	左上包	10
1825	煽	shān	6	6	左右	14
1826	闪	shǎn	1	1	上三包	5
1827	善	shàn	2	2	上下	12
1828	擅	shàn	6	6	左右	16
1829	赡	shàn	6	6	左右	17
1830	伤	shāng	2	2	左右	6
1831	商	shāng	2	3	上下	11
1832	赏	shǎng	3	3	上下	12
1833	上	shàng	1	1	独体	3

ID	汉字	拼音	认读级别	书写级别	结构	笔画
1834	尚	shàng	2	3	上下	8
1835	裳	shang	2	5	上下	14
1836	捎	shāo	6	6	左右	10
1837	烧	shāo	2	4	左右	10
1838	梢	shāo	3	4	左右	11
1839	稍	shāo/shào	3	4	左右	12
1840	勺	sháo	1	3	右上包	3
1841	少	shǎo/shào	1	1	独体	4
1842	绍	shào	3	3	左右	8
1843	哨	shào	3	3	左右	10
1844	奢	shē	6	6	上下	11
1845	舌	shé	1	1	上下	6
1846	蛇	shé	1	3	左右	11
1847	舍	shě/shè	2	2	上下	8
1848	设	shè	3	3	左右	6
1849	社	shè	2	2	左右	7
1850	射	shè	2	3	左右	10
1851	涉	shè	6	6	左右	10
1852	赦	shè	6	6	左右	11
1853	摄	shè	3	4	左右	13
1854	谁	shéi/shuí	1	3	左右	10
1855	申	shēn	4	4	独体	5
1856	伸	shēn	2	2	左右	7
1857	身	shēn	1	1	独体	7
1858	呻	shēn	5	5	左右	8
1859	绅	shēn	5	5	左右	8
1860	深	shēn	2	3	左右	11
1861	什	shén	1	1	左右	4
1862	神	shén	3	3	左右	9
1863	审	shěn	4	4	上下	8
1864	肾	shèn	6	6	上下	8
1865	甚	shèn	4	4	上下	9
1866	渗	shèn	5	5	左右	11
1867	慎	shèn	6	6	左右	13
1868	升	shēng	2	2	独体	4
1869	生	shēng	1	1	独体	5

ID	汉字	拼音	认读级别	书写级别	结构	笔画
1870	声	shēng	1	1	上下	7
1871	牲	shēng	4	4	左右	9
1872	绳	shéng	2	5	左右	11
1873	省	shěng/xǐng	3	3	上下	9
1874	圣	shèng	2	2	上下	5
1875	胜	shèng	2	2	左右	9
1876	剩	shèng	2	4	左右	12
1877	尸	shī	3	3	独体	3
1878	失	shī	2	2	独体	5
1879	师	shī	1	2	左右	6
1880	诗	shī	2	2	左右	8
1881	狮	shī	3	4	左右	9
1882	施	shī	5	5	左右	9
1883	湿	shī	1	3	左右	12
1884	十	shí	1	1	独体	2
1885	石	shí	1	1	独体	5
1886	时	shí	1	1	左右	7
1887	识	shí	1	1	左右	7
1888	实	shí	2	2	左右	8
1889	拾	shí	2	2	左右	9
1890	食	shí	2	2	上下	9
1891	蚀	shí	5	5	左右	9
1892	史	shǐ	3	3	独体	5
1893	矢	shǐ	6	6	独体	5
1894	使	shǐ	1	1	左右	8
1895	始	shǐ	1	1	左右	8
1896	驶	shǐ	3	4	左右	8
1897	士	shì	2	2	独体	3
1898	氏	shì	3	3	独体	4
1899	示	shì	3	3	上下	5
1900	世	shì	1	1	独体	5
1901	市	shì	1	1	上下	5
1902	式	shì	3	3	右上包	6
1903	似	shì/sì	3	3	左右	6
1904	势	shì	2	2	上下	8
1905	事	shì	1	1	独体	8

ID	汉字	拼音	认读级别	书写级别	结构	笔画
1906	侍	shì	5	5	左右	8
1907	饰	shì	3	3	左右	8
1908	试	shì	2	2	左右	8
1909	视	shì	1	2	左右	8
1910	拭	shì	5	5	左右	9
1911	是	shì	1	1	上下	9
1912	适	shì	3	3	左下包	9
1913	室	shì	1	2	上下	9
1914	逝	shì	5	5	左下包	10
1915	释	shì	3	4	左右	12
1916	誓	shì	4	4	上下	14
1917	匙	shi	2	4	左下包	11
1918	收	shōu	1	2	左右	6
1919	手	shǒu	1	1	独体	4
1920	守	shǒu	3	3	上下	6
1921	首	shǒu	2	2	独体	9
1922	寿	shòu	4	4	左上包	7
1923	受	shòu	2	2	上中下	8
1924	授	shòu	4	4	左右	11
1925	售	shòu	3	3	上下	11
1926	兽	shòu	2	4	上中下	11
1927	瘦	shòu	2	5	左上包	14
1928	书	shū	1	1	独体	4
1929	抒	shū	5	5	左右	7
1930	叔	shū	1	2	左右	8
1931	殊	shū	4	4	左右	10
1932	梳	shū	1	4	左右	11
1933	舒	shū	2	4	左右	12
1934	疏	shū	5	5	左右	12
1935	输	shū	2	4	左右	13
1936	蔬	shū	2	5	上下	15
1937	赎	shú	6	6	左右	12
1938	熟	shú	2	4	上下	15
1939	暑	shǔ	2	3	上下	12
1940	属	shǔ	3	3	左上包	12
1941	署	shǔ	6	6	上下	13

ID	汉字	拼音	认读级别	书写级别	结构	笔画
1942	鼠	shǔ	3	5	独体	13
1943	数	shǔ/shù	1	3	左右	13
1944	薯	shǔ	4	5	上下	16
1945	曙	shǔ	6	6	左右	17
1946	术	shù	1	1	独体	5
1947	束	shù	3	3	独体	7
1948	述	shù	4	4	左下包	8
1949	树	shù	1	1	左右	9
1950	竖	shù	2	3	上下	9
1951	恕	shù	5	5	上下	10
1952	漱	shù	6	6	左右	14
1953	刷	shuā	2	3	左右	8
1954	耍	shuǎ	1	3	上下	9
1955	衰	shuāi	5	5	上中下	10
1956	摔	shuāi	3	5	左右	14
1957	甩	shuǎi	2	4	独体	5
1958	帅	shuài	2	2	左右	5
1959	率	shuài/lǜ	4	4	上中下	11
1960	拴	shuān	3	4	左右	9
1961	涮	shuàn	6	6	左右	11
1962	双	shuāng	1	1	左右	4
1963	霜	shuāng	3	4	上下	17
1964	爽	shuǎng	3	3	其他	11
1965	水	shuǐ	1	1	独体	4
1966	税	shuì	5	5	左右	12
1967	睡	shuì	1	3	左右	13
1968	吮	shǔn	6	6	左右	7
1969	顺	shùn	3	3	左右	9
1970	瞬	shùn	4	4	左右	17
1971	说	shuō	1	2	左右	9
1972	烁	shuò	3	3	左右	9
1973	硕	shuò	6	6	左右	11
1974	司	sī	2	2	右上包	5
1975	丝	sī	3	3	上下	5
1976	私	sī	3	3	左右	7
1977	思	sī	2	2	上下	9

ID	汉字	拼音	认读级别	书写级别	结构	笔画
1978	斯	sī	3	3	左右	12
1979	撕	sī	2	5	左右	15
1980	死	sǐ	1	1	左上包	6
1981	巳	sì	6	6	独体	3
1982	四	sì	1	1	独体	5
1983	寺	sì	3	3	上下	6
1984	祀	sì	6	6	左右	7
1985	饲	sì	4	4	左右	8
1986	肆	sì	5	5	左右	13
1987	松	sōng	2	2	左右	8
1988	耸	sǒng	6	6	上下	10
1989	送	sòng	1	2	左下包	9
1990	诵	sòng	3	4	左右	9
1991	颂	sòng	5	5	左右	10
1992	搜	sōu	4	4	左右	12
1993	艘	sōu	3	5	左右	15
1994	嗽	sòu	2	4	左右	14
1995	苏	sū	4	4	上下	7
1996	俗	sú	4	4	左右	9
1997	诉	sù	1	2	左右	7
1998	肃	sù	4	4	独体	8
1999	素	sù	4	4	上下	10
2000	速	sù	3	3	左下包	10
2001	宿	sù/xiǔ	3	3	上下	11
2002	塑	sù	2	3	上下	13
2003	溯	sù	6	6	左右	13
2004	酸	suān	2	5	左右	14
2005	蒜	suàn	2	5	上下	13
2006	算	suàn	2	3	上下	14
2007	虽	suī	3	3	上下	9
2008	随	suí	3	4	左右	11
2009	岁	suì	1	1	上下	6
2010	遂	suì	5	5	左下包	12
2011	碎	suì	2	3	左右	13
2012	隧	suì	6	6	左右	14
2013	穗	suì	5	5	左右	17

ID	汉字	拼音	认读级别	书写级别	结构	笔画
2014	孙	sūn	3	3	左右	6
2015	损	sǔn	4	4	左右	10
2016	笋	sǔn	4	5	上下	10
2017	唆	suō	6	6	左右	10
2018	嗦	suō	2	4	左右	13
2019	缩	suō	3	4	左右	14
2020	所	suǒ	1	1	左右	8
2021	索	suǒ	3	3	上下	10
2022	琐	suǒ	6	6	左右	11
2023	锁	suǒ	2	4	左右	12
2024	他	tā	1	1	左右	5
2025	它	tā	1	1	上下	5
2026	她	tā	1	1	左右	6
2027	塌	tā	4	5	左右	13
2028	塔	tǎ	3	4	左右	12
2029	踏	tà/tā	2	5	左右	15
2030	蹋	tà	6	6	左右	17
2031	胎	tāi	3	3	左右	9
2032	台	tái	1	1	上下	5
2033	抬	tái	1	2	左右	8
2034	太	tài	1	1	独体	4
2035	汰	tài	4	4	左右	7
2036	态	tài	2	2	上下	8
2037	泰	tài	6	6	上下	10
2038	贪	tān	2	2	上下	8
2039	摊	tān	3	4	左右	13
2040	滩	tān	2	4	左右	13
2041	瘫	tān	6	6	左上包	15
2042	坛	tán	3	3	左右	7
2043	谈	tán	3	3	左右	10
2044	弹	tán/dàn	2	3	左右	11
2045	坦	tǎn	3	3	左右	8
2046	毯	tǎn	4	5	左下包	12
2047	叹	tàn	3	3	左右	5
2048	炭	tàn	4	4	上下	9
2049	探	tàn	4	4	左右	11

ID	汉字	拼音	认读级别	书写级别	结构	笔画
2050	碳	tàn	6	6	左右	14
2051	汤	tāng	2	3	左右	6
2052	唐	táng	3	3	左上包	10
2053	堂	táng	2	2	上下	11
2054	塘	táng	2	5	左右	13
2055	膛	táng	5	5	左右	15
2056	糖	táng	2	5	左右	16
2057	淌	tǎng	3	4	左右	11
2058	躺	tǎng	2	4	左右	15
2059	烫	tàng	3	5	上下	10
2060	趟	tàng	3	5	左下包	15
2061	涛	tāo	3	3	左右	10
2062	掏	tāo	2	4	左右	11
2063	滔	tāo	4	4	左右	13
2064	逃	táo	2	3	左下包	9
2065	桃	táo	3	3	左右	10
2066	陶	táo	4	4	左右	10
2067	萄	táo	3	4	上下	11
2068	淘	táo	2	4	左右	11
2069	讨	tǎo	2	2	左右	5
2070	套	tào	2	2	上下	10
2071	特	tè	1	3	左右	10
2072	疼	téng	2	3	左上包	10
2073	腾	téng	3	3	左右	13
2074	誊	téng	6	6	上下	13
2075	剔	tī	4	4	左右	10
2076	梯	tī	2	3	左右	11
2077	踢	tī	1	5	左右	15
2078	提	tí	2	2	左右	12
2079	啼	tí	4	4	左右	12
2080	题	tí	1	2	左下包	15
2081	蹄	tí	4	5	左右	16
2082	体	tǐ	1	1	左右	7
2083	涕	tì	2	4	左右	10
2084	惕	tì	5	5	左右	11
2085	替	tì	3	3	上下	12

ID	汉字	拼音	认读级别	书写级别	结构	笔画
2086	天	tiān	1	1	独体	4
2087	添	tiān	3	4	左右	11
2088	田	tián	1	1	独体	5
2089	甜	tián	1	3	左右	11
2090	填	tián	2	3	左右	13
2091	舔	tiǎn	3	5	左右	14
2092	挑	tiāo/tiǎo	2	3	左右	9
2093	条	tiáo	1	2	上下	7
2094	迢	tiáo	6	6	左下包	8
2095	调	tiáo/diào	2	2	左右	10
2096	跳	tiào	1	4	左右	13
2097	贴	tiē	3	3	左右	9
2098	帖	tiě/tiè	5	5	左右	8
2099	铁	tiě	2	3	左右	10
2100	厅	tīng	2	2	左上包	4
2101	听	tīng	1	1	左右	7
2102	廷	tíng	6	6	左下包	6
2103	亭	tíng	3	3	上下	9
2104	庭	tíng	3	3	左上包	9
2105	停	tíng	2	2	左右	11
2106	蜓	tíng	3	5	左右	12
2107	挺	tǐng	2	3	左右	9
2108	艇	tǐng	5	5	左右	12
2109	通	tōng/tòng	2	3	左下包	10
2110	同	tóng/tòng	1	1	上三包	6
2111	铜	tóng	5	5	左右	11
2112	童	tóng	2	2	上下	12
2113	统	tǒng	3	3	左右	9
2114	捅	tǒng	3	5	左右	10
2115	桶	tǒng	2	4	左右	11
2116	筒	tǒng	3	4	上下	12
2117	痛	tòng	2	4	左上包	12
2118	偷	tōu	3	3	左右	11
2119	头	tóu/tou	1	1	独体	5
2120	投	tóu	3	3	左右	7
2121	透	tòu	2	4	左下包	10

ID	汉字	拼音	认读级别	书写级别	结构	笔画
2122	凸	tū	6	6	独体	5
2123	秃	tū	4	4	上下	7
2124	突	tū	1	2	上下	9
2125	图	tú	2	2	全包	8
2126	徒	tú	3	3	左右	10
2127	途	tú	3	3	左下包	10
2128	涂	tú	2	3	左右	10
2129	屠	tú	5	5	左上包	11
2130	土	tǔ	1	1	独体	3
2131	吐	tù/tǔ	1	1	左右	6
2132	兔	tù	1	3	上下	8
2133	团	tuán	3	3	全包	6
2134	推	tuī	3	3	左右	11
2135	颓	tuí	6	6	左右	13
2136	腿	tuǐ	2	3	左右	13
2137	退	tuì	2	3	左下包	9
2138	蜕	tuì	6	6	左右	13
2139	褪	tuì	6	6	左右	14
2140	吞	tūn	2	2	上下	7
2141	屯	tún	6	6	独体	4
2142	豚	tún	2	5	左右	11
2143	托	tuō	1	2	左右	6
2144	拖	tuō	1	3	左右	8
2145	脱	tuō	1	2	左右	11
2146	驮	tuó	6	6	左右	6
2147	驼	tuó	6	6	左右	8
2148	妥	tuǒ	5	5	上下	7
2149	椭	tuǒ	6	6	左右	12
2150	拓	tuò	5	5	左右	8
2151	唾	tuò	3	3	左右	11
2152	挖	wā	1	4	左右	9
2153	哇	wā	2	2	左右	9
2154	蛙	wā	2	4	左右	12
2155	娃	wá	1	4	左右	9
2156	瓦	wǎ	3	3	独体	4
2157	袜	wà	1	5	左右	10

ID	汉字	拼音	认读级别	书写级别	结构	笔画
2158	歪	wāi	2	3	上下	9
2159	外	wài	1	1	左右	5
2160	弯	wān	1	3	上下	9
2161	湾	wān	3	3	左右	12
2162	丸	wán	2	2	独体	3
2163	完	wán	1	1	上下	7
2164	玩	wán	1	2	左右	8
2165	顽	wán	3	3	左右	10
2166	挽	wǎn	5	5	左右	10
2167	晚	wǎn	1	1	左右	11
2168	惋	wǎn	5	5	左右	11
2169	碗	wǎn	3	4	左右	13
2170	万	wàn	1	1	独体	3
2171	腕	wàn	4	4	左右	12
2172	亡	wáng	2	2	独体	3
2173	王	wáng	1	1	独体	4
2174	网	wǎng	2	2	上三包	6
2175	枉	wǎng	6	6	左右	8
2176	往	wǎng	1	1	左右	8
2177	妄	wàng	5	5	上下	6
2178	忘	wàng	1	1	上下	7
2179	旺	wàng	5	5	左右	8
2180	望	wàng	3	3	上下	11
2181	危	wēi	2	2	左上包	6
2182	威	wēi	3	3	上三包	9
2183	偎	wēi	6	6	左右	11
2184	微	wēi	2	4	左右	13
2185	违	wéi	4	4	左下包	7
2186	围	wéi	2	2	全包	7
2187	唯	wéi	4	4	左右	11
2188	惟	wéi	5	5	左右	11
2189	维	wéi	4	4	左右	11
2190	伟	wěi	3	3	左右	6
2191	伪	wěi	5	5	左右	6
2192	苇	wěi	5	5	上下	7
2193	尾	wěi	1	1	左上包	7

ID	汉字	拼音	认读级别	书写级别	结构	笔画
2194	纬	wěi	6	6	左右	7
2195	委	wěi	3	3	上下	8
2196	萎	wěi	5	5	上下	11
2197	卫	wèi	1	1	独体	3
2198	为	wèi/wéi	1	1	独体	4
2199	未	wèi	1	1	独体	5
2200	位	wèi	1	1	左右	7
2201	味	wèi	1	1	左右	8
2202	畏	wèi	4	4	上下	9
2203	胃	wèi	3	3	上下	9
2204	谓	wèi	4	4	左右	11
2205	尉	wèi	6	6	左右	11
2206	喂	wèi	1	3	左右	12
2207	蔚	wèi	6	6	上下	14
2208	慰	wèi	4	4	上下	15
2209	温	wēn	2	3	左右	12
2210	瘟	wēn	6	6	左上包	14
2211	文	wén	1	1	独体	4
2212	纹	wén	2	2	左右	7
2213	闻	wén	2	2	上三包	9
2214	蚊	wén	1	4	左右	10
2215	吻	wěn	5	5	左右	7
2216	紊	wěn	6	6	上下	10
2217	稳	wěn	3	3	左右	14
2218	问	wèn	1	1	上三包	6
2219	翁	wēng	3	4	上下	10
2220	窝	wō	2	5	上下	12
2221	我	wǒ	1	1	独体	7
2222	沃	wò	4	4	左右	7
2223	卧	wò	3	3	左右	8
2224	握	wò	2	3	左右	12
2225	乌	wū	2	2	独体	4
2226	污	wū	3	3	左右	6
2227	巫	wū	5	5	其他	7
2228	诬	wū	6	6	左右	9
2229	屋	wū	1	1	左上包	9

ID	汉字	拼音	认读级别	书写级别	结构	笔画
2230	无	wú	2	2	独体	4
2231	吾	wú	6	6	上下	7
2232	五	wǔ	1	1	独体	4
2233	午	wǔ	1	1	独体	4
2234	伍	wǔ	3	3	左右	6
2235	武	wǔ	2	3	右上包	8
2236	侮	wǔ	4	4	左右	9
2237	捂	wǔ	3	4	左右	10
2238	舞	wǔ	3	4	上下	14
2239	勿	wù	5	5	独体	4
2240	戊	wù	6	6	独体	5
2241	务	wù	3	3	上下	5
2242	物	wù	1	3	左右	8
2243	误	wù	2	3	左右	9
2244	悟	wù	4	4	左右	10
2245	雾	wù	2	5	上下	13
2246	夕	xī	2	2	独体	3
2247	西	xī	1	1	独体	6
2248	吸	xī	2	2	左右	6
2249	希	xī	1	1	上下	7
2250	昔	xī	5	5	上下	8
2251	析	xī	5	5	左右	8
2252	牺	xī	4	4	左右	10
2253	息	xī	1	1	上下	10
2254	悉	xī	3	3	上下	11
2255	惜	xī	3	3	左右	11
2256	晰	xī	4	4	左右	12
2257	稀	xī	3	4	左右	12
2258	溪	xī	3	4	左右	13
2259	熙	xī	6	6	上下	14
2260	熄	xī	4	5	左右	14
2261	膝	xī	3	4	左右	15
2262	习	xí	1	1	独体	3
2263	席	xí	3	3	左上包	10
2264	袭	xí	4	4	上下	11
2265	洗	xǐ	1	2	左右	9

ID	汉字	拼音	认读级别	书写级别	结构	笔画
2266	徙	xǐ	6	6	左右	11
2267	喜	xǐ	2	2	上中下	12
2268	戏	xì	2	2	左右	6
2269	系	xì/jì	1	1	上下	7
2270	细	xì	1	1	左右	8
2271	隙	xì	3	5	左右	12
2272	虾	xiā	2	3	左右	9
2273	瞎	xiā	2	4	左右	15
2274	匣	xiá	6	6	左三包	7
2275	侠	xiá	5	5	左右	8
2276	峡	xiá	4	4	左右	9
2277	狭	xiá	3	4	左右	9
2278	暇	xiá	5	5	左右	13
2279	辖	xiá	6	6	左右	14
2280	霞	xiá	3	5	上下	17
2281	下	xià	1	1	独体	3
2282	吓	xià/hè	1	1	左右	6
2283	夏	xià	1	3	上下	10
2284	仙	xiān	3	3	左右	5
2285	先	xiān	1	1	上下	6
2286	纤	xiān/qiàn	5	5	左右	6
2287	掀	xiān	3	4	左右	11
2288	鲜	xiān/xiǎn	2	4	左右	14
2289	闲	xián	3	3	上三包	7
2290	贤	xián	5	5	上下	8
2291	弦	xián	5	5	左右	8
2292	咸	xián	2	5	上三包	9
2293	衔	xián	4	4	左中右	11
2294	嫌	xián	4	5	左右	13
2295	显	xiǎn	3	3	上下	9
2296	险	xiǎn	2	3	左右	9
2297	县	xiàn	4	4	上下	7
2298	现	xiàn	1	1	左右	8
2299	限	xiàn	4	4	左右	8
2300	线	xiàn	1	3	左右	8
2301	宪	xiàn	6	6	上下	9

ID	汉字	拼音	认读级别	书写级别	结构	笔画
2302	陷	xiàn	3	4	左右	10
2303	馅	xiàn	3	5	左右	11
2304	羡	xiàn	3	5	上下	12
2305	献	xiàn	4	4	左右	13
2306	腺	xiàn	6	6	左右	13
2307	乡	xiāng	2	2	独体	3
2308	相	xiāng/xiàng	1	1	左右	9
2309	香	xiāng	1	1	上下	9
2310	厢	xiāng	3	3	左上包	11
2311	箱	xiāng	2	3	上下	15
2312	详	xiáng	4	4	左右	8
2313	祥	xiáng	4	4	左右	10
2314	翔	xiáng	3	4	左右	12
2315	享	xiǎng	4	4	上中下	8
2316	响	xiǎng	1	1	左右	9
2317	想	xiǎng	1	1	上下	13
2318	向	xiàng	1	1	上三包	6
2319	项	xiàng	2	2	左右	9
2320	巷	xiàng	5	5	上下	9
2321	象	xiàng	1	3	独体	11
2322	像	xiàng	1	2	左右	13
2323	橡	xiàng	3	4	左右	15
2324	削	xiāo/xuē	2	3	左右	9
2325	消	xiāo	2	2	左右	10
2326	宵	xiāo	4	4	上下	10
2327	萧	xiāo	6	6	上下	11
2328	硝	xiāo	6	6	左右	12
2329	销	xiāo	4	4	左右	12
2330	潇	xiāo	5	5	左右	14
2331	霄	xiāo	6	6	上下	15
2332	嚣	xiāo	5	5	上中下	18
2333	淆	xiáo	6	6	左右	11
2334	小	xiǎo	1	1	独体	3
2335	晓	xiǎo	3	3	左右	10
2336	孝	xiào	4	4	左上包	7
2337	肖	xiào	4	4	上下	7

ID	汉字	拼音	认读级别	书写级别	结构	笔画
2338	校	xiào/jiào	1	1	左右	10
2339	哮	xiào	5	5	左右	10
2340	笑	xiào	1	2	上下	10
2341	效	xiào	4	4	左右	10
2342	啸	xiào	5	5	左右	11
2343	些	xiē	1	1	上下	8
2344	歇	xiē	2	5	左右	13
2345	协	xié	4	4	左右	6
2346	邪	xié	5	5	左右	6
2347	胁	xié	3	3	左右	8
2348	挟	xié	6	6	左右	9
2349	斜	xié	2	3	左右	11
2350	谐	xié	4	5	左右	11
2351	携	xié	5	5	左右	13
2352	鞋	xié	1	4	左右	15
2353	写	xiě	1	1	上下	5
2354	泄	xiè	4	4	左右	8
2355	泻	xiè	5	5	左右	8
2356	卸	xiè	5	5	左右	9
2357	屑	xiè	5	5	左上包	10
2358	械	xiè	4	4	左右	11
2359	谢	xiè	2	3	左右	12
2360	懈	xiè	5	5	左右	16
2361	蟹	xiè	2	5	上下	19
2362	心	xīn	1	1	独体	4
2363	辛	xīn	2	2	上下	7
2364	欣	xīn	3	3	左右	8
2365	新	xīn	1	1	左右	13
2366	薪	xīn	5	5	上下	16
2367	馨	xīn	5	5	上下	20
2368	信	xìn	1	1	左右	9
2369	星	xīng	1	1	上下	9
2370	腥	xīng	5	5	左右	13
2371	刑	xíng	5	5	左右	6
2372	形	xíng	2	2	左右	7
2373	型	xíng	4	4	上下	9

ID	汉字	拼音	认读级别	书写级别	结构	笔画
2374	醒	xǐng	3	3	左右	16
2375	兴	xìng/xīng	1	1	上下	6
2376	杏	xìng	3	3	上下	7
2377	幸	xìng	2	2	上下	8
2378	性	xìng	4	4	左右	8
2379	姓	xìng	1	1	左右	8
2380	凶	xiōng	3	3	下三包	4
2381	兄	xiōng	2	2	上下	5
2382	汹	xiōng	5	5	左右	7
2383	胸	xiōng	3	3	左右	10
2384	雄	xióng	3	4	左右	12
2385	熊	xióng	3	5	上下	14
2386	休	xiū	1	1	左右	6
2387	修	xiū	3	3	左右	9
2388	羞	xiū	3	3	左上包	10
2389	朽	xiǔ	5	5	左右	6
2390	秀	xiù	3	3	上下	7
2391	袖	xiù	2	3	左右	10
2392	绣	xiù	4	5	左右	10
2393	锈	xiù	5	5	左右	12
2394	戌	xū	6	6	上三包	6
2395	须	xū	3	3	左右	9
2396	虚	xū	2	3	左上包	11
2397	墟	xū	5	5	左右	14
2398	需	xū	3	4	上下	14
2399	徐	xú	5	5	左右	10
2400	许	xǔ	1	1	左右	6
2401	旭	xù	6	6	左下包	6
2402	序	xù	3	3	左上包	7
2403	叙	xù	5	5	左右	9
2404	恤	xù	6	6	左右	9
2405	酗	xù	6	6	左右	11
2406	绪	xù	5	5	左右	11
2407	续	xù	2	2	左右	11
2408	絮	xù	4	5	上下	12
2409	蓄	xù	5	5	上下	13

ID	汉字	拼音	认读级别	书写级别	结构	笔画
2410	宣	xuān	3	3	上下	9
2411	喧	xuān	5	5	左右	12
2412	玄	xuán	6	6	上下	5
2413	悬	xuán	4	4	上下	11
2414	旋	xuán/xuàn	3	4	左右	11
2415	选	xuǎn	1	2	左下包	9
2416	炫	xuàn	5	5	左右	9
2417	绚	xuàn	5	5	左右	9
2418	渲	xuàn	6	6	左右	12
2419	穴	xué	2	2	上下	5
2420	学	xué	1	1	上下	8
2421	雪	xuě	1	3	上下	11
2422	血	xuè/xiě	2	2	独体	6
2423	勋	xūn	6	6	左右	9
2424	熏	xūn	6	6	上下	14
2425	旬	xún	6	6	右上包	6
2426	寻	xún	3	3	上下	6
2427	巡	xún	4	4	左下包	6
2428	询	xún	5	5	左右	8
2429	循	xún	4	4	左右	12
2430	训	xùn	3	3	左右	5
2431	讯	xùn	4	4	左右	5
2432	汛	xùn	6	6	左右	6
2433	迅	xùn	3	3	左下包	6
2434	逊	xùn	5	5	左下包	9
2435	殉	xùn	6	6	左右	10
2436	丫	yā	4	4	独体	3
2437	压	yā/yà	2	2	左上包	6
2438	呀	yā/ya	1	1	左右	7
2439	押	yā	5	5	左右	8
2440	鸦	yā	2	4	左右	9
2441	鸭	yā	2	4	左右	10
2442	牙	yá	1	2	独体	4
2443	芽	yá	2	2	上下	7
2444	崖	yá	4	4	上下	11
2445	涯	yá	4	4	左右	11

ID	汉字	拼音	认读级别	书写级别	结构	笔画
2446	哑	yǎ	3	3	左右	9
2447	雅	yǎ	5	5	左右	12
2448	亚	yà	2	2	独体	6
2449	讶	yà	3	3	左右	6
2450	烟	yān	2	2	左右	10
2451	淹	yān	3	5	左右	11
2452	延	yán	4	4	左下包	6
2453	严	yán	3	3	独体	7
2454	言	yán	2	2	独体	7
2455	岩	yán	3	3	上下	8
2456	炎	yán	3	3	上下	8
2457	沿	yán	3	3	左右	8
2458	研	yán	4	4	左右	9
2459	盐	yán	2	4	上下	10
2460	颜	yán	2	3	左右	15
2461	檐	yán	4	5	左右	17
2462	衍	yǎn	6	6	左中右	9
2463	掩	yǎn	5	5	左右	11
2464	眼	yǎn	1	1	左右	11
2465	演	yǎn	2	4	左右	14
2466	厌	yàn	2	2	左上包	6
2467	咽	yàn/yān/yè	2	2	左右	9
2468	艳	yàn	2	3	左右	10
2469	宴	yàn	4	4	上中下	10
2470	验	yàn	3	3	左右	10
2471	谚	yàn	6	6	左右	11
2472	雁	yàn	4	4	左上包	12
2473	焰	yàn	4	5	左右	12
2474	燕	yàn	2	5	上中下	16
2475	央	yāng	3	3	独体	5
2476	秧	yāng	5	5	左右	10
2477	扬	yáng	2	2	左右	6
2478	羊	yáng	1	2	独体	6
2479	阳	yáng	1	1	左右	6
2480	杨	yáng	3	3	左右	7
2481	洋	yáng	1	1	左右	9

ID	汉字	拼音	认读级别	书写级别	结构	笔画
2482	仰	yǎng	3	3	左右	6
2483	养	yǎng	1	3	上下	9
2484	氧	yǎng	3	5	右上包	10
2485	痒	yǎng	2	4	左上包	11
2486	样	yàng	1	1	左右	10
2487	漾	yàng	4	5	左右	14
2488	妖	yāo	3	3	左右	7
2489	腰	yāo	2	3	左右	13
2490	邀	yāo	3	5	左下包	16
2491	尧	yáo	6	6	上下	6
2492	肴	yáo	6	6	上下	8
2493	谣	yáo	4	5	左右	12
2494	摇	yáo	1	4	左右	13
2495	遥	yáo	3	4	左下包	13
2496	咬	yǎo	1	1	左右	9
2497	舀	yǎo	4	5	上下	10
2498	药	yào	1	2	上下	9
2499	要	yào	1	1	上下	9
2500	钥	yào	2	2	左右	9
2501	耀	yào	4	5	左右	20
2502	爷	yé	1	3	上下	6
2503	也	yě	1	1	独体	3
2504	冶	yě	5	5	左右	7
2505	野	yě	2	4	左右	11
2506	业	yè	1	1	独体	5
2507	叶	yè	1	1	左右	5
2508	页	yè	1	1	独体	6
2509	夜	yè	2	2	上下	8
2510	液	yè	4	4	左右	11
2511	一	yī	1	1	独体	1
2512	伊	yī	5	5	左右	6
2513	衣	yī	1	1	独体	6
2514	医	yī	1	2	左三包	7
2515	依	yī	4	4	左右	8
2516	仪	yí	5	5	左右	5
2517	怡	yí	5	5	左右	8

ID	汉字	拼音	认读级别	书写级别	结构	笔画
2518	宜	yí	2	2	上下	8
2519	贻	yí	6	6	左右	9
2520	姨	yí	2	5	左右	9
2521	移	yí	3	3	左右	11
2522	遗	yí	5	5	左下包	12
2523	疑	yí	3	4	左右	14
2524	乙	yǐ	2	2	独体	1
2525	已	yǐ	1	1	独体	3
2526	以	yǐ	1	1	左右	4
2527	矣	yǐ	6	6	上下	7
2528	蚁	yǐ	2	3	左右	9
2529	倚	yǐ	4	4	左右	10
2530	椅	yǐ	1	3	左右	12
2531	亿	yì	3	3	左右	3
2532	义	yì	3	3	独体	3
2533	艺	yì	4	4	上下	4
2534	忆	yì	3	3	左右	4
2535	议	yì	2	2	左右	5
2536	屹	yì	6	6	左右	6
2537	亦	yì	5	5	独体	6
2538	异	yì	3	3	上下	6
2539	抑	yì	5	5	左右	7
2540	役	yì	6	6	左右	7
2541	译	yì	4	4	左右	7
2542	易	yì	2	2	上下	8
2543	疫	yì	5	5	左上包	9
2544	益	yì	4	4	上下	10
2545	谊	yì	4	4	左右	10
2546	逸	yì	5	5	左下包	11
2547	意	yì	2	2	上下	13
2548	溢	yì	5	5	左右	13
2549	毅	yì	5	5	左右	15
2550	翼	yì	4	5	上下	17
2551	因	yīn	1	1	全包	6
2552	阴	yīn	2	2	左右	6
2553	茵	yīn	3	3	上下	9

ID	汉字	拼音	认读级别	书写级别	结构	笔画
2554	音	yīn	1	1	上下	9
2555	吟	yín	5	5	左右	7
2556	银	yín	2	3	左右	11
2557	寅	yín	6	6	上下	11
2558	引	yǐn	3	3	左右	4
2559	饮	yǐn	1	3	左右	7
2560	隐	yǐn	3	3	左右	11
2561	瘾	yǐn	4	5	左上包	16
2562	印	yìn	2	2	左右	5
2563	应	yīng/yìng	1	1	左上包	7
2564	英	yīng	3	3	上下	8
2565	婴	yīng	4	4	上下	11
2566	樱	yīng	6	6	左右	15
2567	鹰	yīng	3	3	左上包	18
2568	迎	yíng	2	3	左下包	7
2569	荧	yíng	6	6	上中下	9
2570	盈	yíng	4	4	上下	9
2571	营	yíng	2	3	上下	11
2572	蝇	yíng	2	5	左右	14
2573	赢	yíng	3	5	上中下	17
2574	颖	yǐng	5	5	左右	13
2575	影	yǐng	2	3	左右	15
2576	映	yìng	3	3	左右	9
2577	硬	yìng	2	3	左右	12
2578	哟	yō/yo	2	3	左右	9
2579	佣	yōng	6	6	左右	7
2580	拥	yōng	2	2	左右	8
2581	庸	yōng	6	6	左上包	11
2582	永	yǒng	2	2	独体	5
2583	咏	yǒng	5	5	左右	8
2584	泳	yǒng	1	3	左右	8
2585	勇	yǒng	2	2	上下	9
2586	涌	yǒng	4	4	左右	10
2587	踊	yǒng	6	6	左右	14
2588	用	yòng	1	1	独体	5
2589	优	yōu	2	2	左右	6

ID	汉字	拼音	认读级别	书写级别	结构	笔画
2590	忧	yōu	2	3	左右	7
2591	幽	yōu	4	4	下三包	9
2592	悠	yōu	5	5	上下	11
2593	尤	yóu	3	3	独体	4
2594	由	yóu	2	2	独体	5
2595	邮	yóu	2	3	左右	7
2596	犹	yóu	3	3	左右	7
2597	油	yóu	1	1	左右	8
2598	游	yóu	1	3	左右	12
2599	友	yǒu	1	1	左上包	4
2600	有	yǒu	1	1	左上包	6
2601	酉	yǒu	6	6	独体	7
2602	又	yòu	1	1	独体	2
2603	右	yòu	1	1	左上包	5
2604	幼	yòu	1	1	左右	5
2605	佑	yòu	5	5	左右	7
2606	诱	yòu	3	4	左右	9
2607	迂	yū	6	6	左下包	6
2608	淤	yū	5	5	左右	11
2609	于	yú	1	1	独体	3
2610	余	yú	3	3	上下	7
2611	鱼	yú	1	1	上下	8
2612	娱	yú	4	5	左右	10
2613	渔	yú	3	3	左右	11
2614	愉	yú	2	5	左右	12
2615	愚	yú	4	4	上下	13
2616	与	yǔ	4	4	独体	3
2617	予	yǔ	4	4	独体	4
2618	宇	yǔ	3	3	上下	6
2619	羽	yǔ	1	1	左右	6
2620	雨	yǔ	1	1	独体	8
2621	语	yǔ	1	2	左右	9
2622	玉	yù	2	2	独体	5
2623	郁	yù	4	4	左右	8
2624	育	yù	2	3	上下	8
2625	狱	yù	5	5	左中右	9

ID	汉字	拼音	认读级别	书写级别	结构	笔画
2626	浴	yù	2	3	左右	10
2627	预	yù	2	2	左右	10
2628	域	yù	4	4	左右	11
2629	欲	yù	4	4	左右	11
2630	遇	yù	2	4	左下包	12
2631	喻	yù	4	4	左右	12
2632	御	yù	5	5	左右	12
2633	寓	yù	4	5	上下	12
2634	裕	yù	4	4	左右	12
2635	愈	yù	5	5	上下	13
2636	誉	yù	5	5	上下	13
2637	豫	yù	3	5	左右	15
2638	冤	yuān	5	5	上下	10
2639	渊	yuān	5	5	左右	11
2640	元	yuán	1	1	上下	4
2641	园	yuán	1	1	全包	7
2642	员	yuán	2	2	上下	7
2643	原	yuán	1	1	左上包	10
2644	圆	yuán	3	3	全包	10
2645	援	yuán	4	4	左右	12
2646	缘	yuán	4	4	左右	12
2647	源	yuán	4	4	左右	13
2648	远	yuǎn	1	1	左下包	7
2649	苑	yuàn	6	6	上下	8
2650	怨	yuàn	5	5	上下	9
2651	院	yuàn	1	2	左右	9
2652	愿	yuàn	3	3	左上包	14
2653	曰	yuē	6	6	独体	4
2654	约	yuē	3	3	左右	6
2655	月	yuè	1	1	独体	4
2656	岳	yuè	6	6	上下	8
2657	阅	yuè	2	3	上三包	10
2658	悦	yuè	3	4	左右	10
2659	跃	yuè	3	4	左右	11
2660	越	yuè	3	3	左下包	12
2661	晕	yūn/yùn	3	3	上下	10

ID	汉字	拼音	认读级别	书写级别	结构	笔画
2662	云	yún	1	1	独体	4
2663	匀	yún	4	4	右上包	4
2664	耘	yún	6	6	左右	10
2665	允	yǔn	4	4	上下	4
2666	孕	yùn	5	5	上下	5
2667	运	yùn	2	2	左下包	7
2668	酝	yùn	6	6	左右	11
2669	韵	yùn	5	5	左右	13
2670	蕴	yùn	5	5	上下	15
2671	扎	zā/zhā/zhá	2	2	左右	4
2672	杂	zá	3	3	上下	6
2673	砸	zá	2	4	左右	10
2674	咋	ză	6	6	左右	8
2675	灾	zāi	3	3	上下	7
2676	栽	zāi	3	4	右上包	10
2677	宰	zăi	4	4	上下	10
2678	再	zài	1	1	独体	6
2679	在	zài	1	1	左上包	6
2680	载	zài/zăi	4	4	右上包	10
2681	咱	zán	2	2	左右	9
2682	暂	zàn	3	3	上下	12
2683	赞	zàn	3	3	上下	16
2684	赃	zāng	6	6	左右	10
2685	脏	zāng/zàng	2	3	左右	10
2686	葬	zàng	5	5	上中下	12
2687	遭	zāo	3	4	左下包	14
2688	糟	zāo	3	5	左右	17
2689	凿	záo	6	6	上下	12
2690	早	zăo	1	1	上下	6
2691	枣	zăo	6	6	上下	8
2692	澡	zăo	1	5	左右	16
2693	皂	zào	2	3	上下	7
2694	灶	zào	6	6	左右	7
2695	造	zào	2	2	左下包	10
2696	噪	zào	6	6	左右	16
2697	燥	zào	3	5	左右	17

ID	汉字	拼音	认读级别	书写级别	结构	笔画
2698	躁	zào	5	5	左右	20
2699	则	zé	3	3	左右	6
2700	责	zé	3	3	上下	8
2701	择	zé	3	3	左右	8
2702	泽	zé	4	4	左右	8
2703	贼	zéi	4	4	左右	10
2704	怎	zěn	1	1	上下	9
2705	增	zēng	3	4	左右	15
2706	憎	zēng	6	6	左右	15
2707	赠	zèng	4	4	左右	16
2708	喳	zhā/chā	2	3	左右	12
2709	渣	zhā	4	5	左右	12
2710	闸	zhá	6	6	上三包	8
2711	炸	zhá/zhà	2	3	左右	9
2712	眨	zhǎ	2	3	左右	9
2713	乍	zhà	6	6	独体	5
2714	诈	zhà	5	5	左右	7
2715	榨	zhà	3	5	左右	14
2716	摘	zhāi	2	4	左右	14
2717	宅	zhái	4	4	上下	6
2718	窄	zhǎi	2	4	上下	10
2719	债	zhài	6	6	左右	10
2720	寨	zhài	5	5	上中下	14
2721	沾	zhān	3	3	左右	8
2722	粘	zhān	2	4	左右	11
2723	斩	zhǎn	5	5	左右	8
2724	盏	zhǎn	3	5	上下	10
2725	展	zhǎn	3	3	左上包	10
2726	崭	zhǎn	3	4	上下	11
2727	辗	zhǎn	6	6	左右	14
2728	占	zhàn	3	3	上下	5
2729	战	zhàn	3	3	左右	9
2730	站	zhàn	1	3	左右	10
2731	绽	zhàn	4	4	左右	11
2732	张	zhāng	1	1	左右	7
2733	章	zhāng	4	4	上中下	11

ID	汉字	拼音	认读级别	书写级别	结构	笔画
2734	彰	zhāng	5	5	左右	14
2735	涨	zhǎng/zhàng	4	4	左右	10
2736	掌	zhǎng	3	3	上中下	12
2737	丈	zhàng	3	3	独体	3
2738	仗	zhàng	2	2	左右	5
2739	帐	zhàng	3	3	左右	7
2740	账	zhàng	4	4	左右	8
2741	胀	zhàng	4	4	左右	8
2742	障	zhàng	4	4	左右	13
2743	招	zhāo	2	2	左右	8
2744	昭	zhāo	6	6	左右	9
2745	爪	zhǎo/zhuǎ	1	3	独体	4
2746	找	zhǎo	1	1	左右	7
2747	召	zhào	4	4	上下	5
2748	兆	zhào	6	6	左右	6
2749	赵	zhào	5	5	左下包	9
2750	照	zhào	1	3	上下	13
2751	罩	zhào	4	5	上下	13
2752	遮	zhē	3	5	左下包	14
2753	折	zhé/shé/zhē	2	2	左右	7
2754	哲	zhé	5	5	上下	10
2755	辙	zhé	6	6	左右	16
2756	者	zhě	2	2	左上包	8
2757	这	zhè	1	1	左下包	7
2758	着	zhe/zháo/zhuó/zhāo	1	1	左上包	11
2759	贞	zhēn	6	6	上下	6
2760	针	zhēn	1	1	左右	7
2761	侦	zhēn	5	5	左右	8
2762	珍	zhēn	3	3	左右	9
2763	真	zhēn	1	1	上下	10
2764	诊	zhěn	4	4	左右	7
2765	枕	zhěn	2	3	左右	8
2766	疹	zhěn	6	6	左上包	10
2767	阵	zhèn	2	2	左右	6
2768	振	zhèn	4	4	左右	10
2769	震	zhèn	3	4	上下	15

ID	汉字	拼音	认读级别	书写级别	结构	笔画
2770	镇	zhèn	3	3	左右	15
2771	争	zhēng	2	2	上下	6
2772	征	zhēng	4	4	左右	8
2773	怔	zhēng	6	6	左右	8
2774	狰	zhēng	6	6	左右	9
2775	睁	zhēng	1	3	左右	11
2776	筝	zhēng	2	5	上下	12
2777	蒸	zhēng	2	5	上下	13
2778	拯	zhěng	5	5	左右	9
2779	整	zhěng	2	3	上下	16
2780	正	zhèng/zhēng	1	1	独体	5
2781	证	zhèng	3	3	左右	7
2782	郑	zhèng	5	5	左右	8
2783	政	zhèng	3	3	左右	9
2784	挣	zhèng/zhēng	3	3	左右	9
2785	症	zhèng/zhēng	5	5	左上包	10
2786	之	zhī	3	3	独体	3
2787	支	zhī	1	1	上下	4
2788	只	zhī/zhǐ	1	1	上下	5
2789	汁	zhī	2	2	左右	5
2790	芝	zhī	2	2	上下	6
2791	枝	zhī	2	2	左右	8
2792	知	zhī	1	1	左右	8
2793	肢	zhī	3	3	左右	8
2794	织	zhī	3	3	左右	8
2795	脂	zhī	5	5	左右	10
2796	蜘	zhī	6	6	左右	14
2797	执	zhí	4	4	左右	6
2798	直	zhí	1	1	上下	8
2799	侄	zhí	6	6	左右	8
2800	值	zhí	2	2	左右	10
2801	职	zhí	5	5	左右	11
2802	植	zhí	2	2	左右	12
2803	殖	zhí	4	4	左右	12
2804	止	zhǐ	3	3	独体	4
2805	旨	zhǐ	5	5	上下	6

ID	汉字	拼音	认读级别	书写级别	结构	笔画
2806	址	zhǐ	2	2	左右	7
2807	纸	zhǐ	1	3	左右	7
2808	指	zhǐ	1	2	左右	9
2809	至	zhì	3	3	上下	6
2810	志	zhì	3	3	上下	7
2811	制	zhì	3	3	左右	8
2812	质	zhì	3	3	左上包	8
2813	治	zhì	2	2	左右	8
2814	挚	zhì	6	6	上下	10
2815	致	zhì	3	4	左右	10
2816	秩	zhì	5	5	左右	10
2817	智	zhì	3	3	上下	12
2818	滞	zhì	6	6	左右	12
2819	置	zhì	3	3	上下	13
2820	稚	zhì	4	5	左右	13
2821	中	zhōng/zhòng	1	1	独体	4
2822	忠	zhōng	4	4	上下	8
2823	终	zhōng	2	2	左右	8
2824	钟	zhōng	1	1	左右	9
2825	衷	zhōng	5	5	上中下	10
2826	肿	zhǒng	4	4	左右	8
2827	种	zhǒng/zhòng	1	1	左右	9
2828	仲	zhòng	6	6	左右	6
2829	众	zhòng	2	2	上下	6
2830	重	zhòng/chóng	2	2	独体	9
2831	舟	zhōu	2	3	独体	6
2832	州	zhōu	2	2	独体	6
2833	周	zhōu	2	2	上三包	8
2834	洲	zhōu	3	3	左右	9
2835	粥	zhōu	3	5	左中右	12
2836	轴	zhóu	5	5	左右	9
2837	咒	zhòu	5	5	上下	8
2838	宙	zhòu	3	3	上下	8
2839	昼	zhòu	5	5	上下	9
2840	皱	zhòu	3	4	左右	10
2841	骤	zhòu	4	5	左右	17

ID	汉字	拼音	认读级别	书写级别	结构	笔画
2842	朱	zhū	1	1	独体	6
2843	珠	zhū	2	3	左右	10
2844	株	zhū	4	4	左右	10
2845	诸	zhū	5	5	左右	10
2846	猪	zhū	1	4	左右	11
2847	蛛	zhū	6	6	左右	12
2848	竹	zhú	1	3	左右	6
2849	逐	zhú	3	4	左下包	10
2850	烛	zhú	2	3	左右	10
2851	主	zhǔ	1	1	独体	5
2852	拄	zhǔ	6	6	左右	8
2853	煮	zhǔ	2	5	上下	12
2854	嘱	zhǔ	4	4	左右	15
2855	瞩	zhǔ	6	6	左右	17
2856	助	zhù	1	1	左右	7
2857	住	zhù	1	1	左右	7
2858	贮	zhù	6	6	左右	8
2859	注	zhù	2	2	左右	8
2860	驻	zhù	6	6	左右	8
2861	柱	zhù	3	3	左右	9
2862	祝	zhù	1	3	左右	9
2863	著	zhù	3	3	上下	11
2864	蛀	zhù	4	4	左右	11
2865	铸	zhù	5	5	左右	12
2866	筑	zhù	3	4	上下	12
2867	抓	zhuā	1	1	左右	7
2868	拽	zhuài	6	6	左右	9
2869	专	zhuān	2	2	独体	4
2870	砖	zhuān	4	4	左右	9
2871	转	zhuǎn/zhuàn	2	3	左右	8
2872	赚	zhuàn	4	4	左右	14
2873	撰	zhuàn	6	6	左右	15
2874	妆	zhuāng	3	3	左右	6
2875	庄	zhuāng	2	2	左上包	6
2876	装	zhuāng	2	3	上下	12
2877	壮	zhuàng	2	2	左右	6

ID	汉字	拼音	认读级别	书写级别	结构	笔画
2878	状	zhuàng	2	3	左右	7
2879	撞	zhuàng	3	3	左右	15
2880	幢	zhuàng	5	5	左右	15
2881	追	zhuī	1	3	左下包	9
2882	坠	zhuì	4	4	上下	7
2883	缀	zhuì	4	5	左右	11
2884	谆	zhūn	6	6	左右	10
2885	准	zhǔn	2	2	左右	10
2886	拙	zhuō	4	4	左右	8
2887	捉	zhuō	1	3	左右	10
2888	桌	zhuō	1	1	上下	10
2889	茁	zhuó	6	6	上下	8
2890	卓	zhuó	6	6	上下	8
2891	浊	zhuó	5	5	左右	9
2892	酌	zhuó	6	6	左右	10
2893	啄	zhuó	4	4	左右	11
2894	姿	zī	2	3	上下	9
2895	资	zī	4	4	上下	10
2896	滋	zī	3	4	左右	12
2897	子	zǐ	1	1	独体	3
2898	仔	zǐ/zǎi	3	3	左右	5
2899	紫	zǐ	2	4	上下	12
2900	自	zì	1	1	独体	6
2901	字	zì	1	1	上下	6
2902	宗	zōng	5	5	上下	8
2903	综	zōng	3	4	左右	11
2904	棕	zōng	4	5	左右	12
2905	踪	zōng	3	5	左右	15
2906	总	zǒng	1	1	上下	9
2907	纵	zòng	4	4	左右	7
2908	走	zǒu	1	1	上下	7
2909	奏	zòu	3	3	上下	9
2910	租	zū	2	3	左右	10
2911	足	zú	1	1	上下	7
2912	卒	zú	5	5	上中下	8
2913	族	zú	3	3	左右	11

ID	汉字	拼音	认读级别	书写级别	结构	笔画
2914	阻	zǔ	4	4	左右	7
2915	组	zǔ	1	2	左右	8
2916	祖	zǔ	2	3	左右	9
2917	钻	zuān/zuàn	2	3	左右	10
2918	嘴	zuǐ	2	2	左右	16
2919	最	zuì	2	2	上下	12
2920	罪	zuì	4	4	上下	13
2921	醉	zuì	3	4	左右	15
2922	尊	zūn	3	4	上下	12
2923	遵	zūn	3	5	左下包	15
2924	昨	zuó	1	1	左右	9
2925	琢	zuó/zhuó	6	6	左右	12
2926	左	zuǒ	1	1	左上包	5
2927	作	zuò	1	1	左右	7
2928	坐	zuò	1	1	其他	7
2929	座	zuò	1	1	左上包	10
2930	做	zuò	1	1	左右	11

图书在版编目(CIP)数据

华文水平测试汉字大纲/暨南大学华文学院,暨南大学华文考试院编.—北京:商务印书馆,2022
ISBN 978-7-100-21816-0

Ⅰ.①华… Ⅱ.①暨…②暨… Ⅲ.①汉语—对外汉语教学—水平考试—自学参考资料 Ⅳ.①H195.4

中国版本图书馆 CIP 数据核字(2022)第 212458 号

权利保留,侵权必究。

华文水平测试汉字大纲
暨南大学华文学院　暨南大学华文考试院　编

商 务 印 书 馆 出 版
(北京王府井大街36号　邮政编码100710)
商 务 印 书 馆 发 行
北京虎彩文化传播有限公司印刷
ISBN 978-7-100-21816-0

2022年12月第1版　　　　开本 880×1230　1/16
2022年12月北京第1次印刷　印张 12¾
定价:88.00元